마라와 위빳사나

마라와 위빳사나

초판 1쇄 발행 2023년 4월 15일

지은이 법열
펴낸이 장현수
펴낸곳 메이킹북스
출판등록 제 2019-000010호

디자인 최미영
편집 최미영
교정 안지은
마케팅 장윤정

주소 서울특별시 구로구 경인로 661, 핀포인트타워 912-914호
전화 02-2135-5086
팩스 02-2135-5087
이메일 making_books@naver.com
홈페이지 www.makingbooks.co.kr

ISBN 979-11-6791-349-4(03220)
값 16,800원

ⓒ 법열 2023 Printed in Korea

잘못된 책은 구입하신 곳에서 바꾸어 드립니다.
이 책의 전부 또는 일부 내용을 재사용하려면 사전에 저작권자와 펴낸곳의 동의를 받아야 합니다.

홈페이지 바로가기

메이킹북스는 저자님의 소중한 투고 원고를 기다립니다.
출간에 대한 관심이 있으신 분은 making_books@naver.com으로 보내 주세요.

법열 지음

마라와
위빳사나

메이킹북스

부처님 그분의 말씀

사밋디 경1(S35:65)

1. 이와 같이 나는 들었다. 한때 세존께서는 라자가하에서 대나무 숲의 다람쥐 보호구역에 머무셨다.

2. 그때 사밋디 존자가 세존께 다가갔다. 가서는 세존께 절을 올리고 한 곁에 앉았다. 한 곁에 앉은 사밋디 존자는 세존께 이렇게 여쭈었다.

3. "세존이시여, '마라, 마라'라고들 합니다. 도대체 어떻게 해서 마라가 있으며 혹은 마라라는 개념이 있습니까?"

4. "사밋디여, 눈이 있고 형색이 있고 눈의 알음알이가 있고 눈의 알음알이로 알아야 하는 법들이 있는 곳, 거기에 마라는 있고 혹은 마라라는 개념이 있다.
 귀가 있고 … 코가 있고 … 혀가 있고 … 몸이 있고 … 마노가 있고 … 법이 있고 마노의 알음알이가 있고 마노의 알음알이로 알아야 하는 법들이 있는 곳, 거기에 마라는 있고 마라라는 개념이 있다."

5. "사밋디여, 눈이 없고 형색이 없고 눈의 알음알이가 없고 눈의 알음알이로 알아야 하는 법들이 없는 곳, 거기에 마라는 없고 혹은 마라라는 개념도 없다.
 귀가 없고 … 코가 없고 … 혀가 없고 … 몸이 없고 … 마노가 없고 … 법이 없고 마노의 알음알이가 없고 마노의 알음알이로 알아야 하는 법들이 있는 곳, 거기에 마라는 없고 혹은 마라라는 개념도 없다."

3. "비구들이여, 그와 같이 어떤 사문이나 바라문이 이 세상에 대해 능숙하지 못하고 저 세상에 대해서도 능숙하지 못하며 마라의 영역에도 능숙하지 못하고 마라의 영역이 아닌 것에도 능숙하지 못하며, 죽음의 영역에도 능숙하지 못하고 죽음의 영역이 아닌 것에도 능숙하지 못한데도, 그들로부터 배워야 하고 그들에게 믿음을 가져야 한다고 생각하는 자들에게는 오랜 세월 손해와 괴로움이 있을 것이다."

「소치는 사람의 짧은 경」(M34 §3)

5. 형색, 소리, 냄새, 맛, 감촉
[마노의 대상인] 법이 되는 모든 것 ―
이러한 것은 세상의 무시무시한 미끼이니
참으로 세상은 여기에 혹해 있네.

마음챙기는 깨달은 자의 제자는
이것을 멀리하여 건너가나니
마라의 영역을 철저하게 넘어서서
하늘의 태양처럼 아주 맑게 빛나도다.

「여섯 감각접촉의 장소 경」(S4:17 §5)

2. "비구들이여, 감각적 욕망이란 무상하고 허망하고 거짓되고 부질없는 것이다. 비구들이여, 그것은 환영(幻影)이고, 어리석은 자들의 지껄임이다. 현재의 감각적 욕망과 미래의 감각적 욕망, 현재의 감각적 욕망에 대한 인식과 미래의 감각적 욕망에 대한 인식의 이 둘은 마라의 영토이고 마라의 범위이고 마라의 미끼이며 마라의 소유지이다. 이것 때문에 나쁘고 해로운 마음의 상태인 욕심과 악의와 성급함이 일어난다. 이들은 성스러운 제자가 공부지을 때 장애가 된다."

「흔들림 없음에 적합한 길 경」(M106 §2)

마라의 덫 경1(S35:114)

3. "비구들이여, 눈으로 인식되는 형색들이 있으니, 원하고 좋아하고 마음에 들고 사랑스럽고 감각적 욕망을 짝하고 매혹적인 것들이다. 만일 비구가 그것을 즐기고 환영하고 묶여 있으면 이를 일러 비구는 마라의 소굴로 들어갔다, 마라의 지배를 받는다, 마라의 덫에 걸렸다고 한다. 그는 마라의 속박에 묶여버려 마라 빠삐만이 원하는 대로 하게 된다.

비구들이여, 귀로 인식되는 소리들이 있으니, …
비구들이여, 코로 인식되는 냄새들이 있으니, …
비구들이여, 혀로 인식되는 맛들이 있으니, …
비구들이여, 몸으로 인식되는 감촉들이 있으니, …
비구들이여, 마노로 인식되는 법들이 있으니, 원하고 좋아하고 마음에 들고 사랑스럽고 감각적 욕망을 짝하고 매혹적인 것들이다. 만일 비구가 그것을 즐기고 환영하고 묶여 있으면 이를 일러 비구는 마라의 소굴로 들어갔다, 마라의 지배를 받는다, 마라의 덫에 걸렸다고 한다. 그는 마라의 속박에 묶여버려 마라 빠삐만이 원하는 대로 하게 된다."

4. "비구들이여, 눈으로 인식되는 형색들이 있으니, 원하고 좋아하고 마음에 들고 사랑스럽고 감각적 욕망을 짝하고 매혹적인 것들이다. 만일 비구가 그것을 즐기지 않고 환영하지 않고 묶여 있지 않으면 이를 일러 비구는 마라의 소굴로 들어가지 않았다, 마라의 지배를 받지 않았다, 마라의 덫에 걸리지 않았다고 한다. 그는 마라의 속박에 풀려나 마라 빠삐만이 원하는 대로 하지 않게 된다.

비구들이여, 귀로 인식되는 소리들이 있으니, …
비구들이여, 코로 인식되는 냄새들이 있으니, …
비구들이여, 혀로 인식되는 맛들이 있으니, …
비구들이여, 몸으로 인식되는 감촉들이 있으니, …

비구들이여, 마노로 인식되는 법들이 있으니, 원하고 좋아하고 마음에 들고 사랑스럽고 감각적 욕망을 짝하고 매혹적인 것들이다. 만일 비구가 그것을 즐기지 않고 환영하지 않고 묶여 있지 않으면 이를 일러 비구는 마라의 소굴로 들어가지 않았다, 마라의 지배를 받지 않았다, 마라의 덫에 걸리지 않았다고 한다. 그는 마라의 속박에 풀려나 마라 빠삐만이 원하는 대로 하지 않게 된다."

마라 경(S23:1)

1. 이와 같이 나는 들었다. 한때 세존께서는 사왓티에서 제따 숲의 아나타삔디까 원림(급고독원)에 머무셨다.

2. 그때 라다 존자가 세존께 다가갔다. 가서는 세존께 절을 올리고 한 곁에 앉았다. 한 곁에 앉은 라다 존자는 세존께 이렇게 여쭈었다.

3. "세존이시여, '마라, 마라'라고들 합니다. 도대체 어떤 것이 마라입니까?"

4. "라다여, 물질이 있을 때 마라가 있고 죽이는 자가 있고 죽임을 당하는 자가 있다. 라다여, 그러므로 여기서 그대는 물질을 마라라 보고 죽이는 자라 보고 죽임을 당하는 자라 보고 병이라 보고 종기라 보고 쇠살이라 보고 통증이라 보고 지긋지긋한 통증이라 봐야 한다. 이렇게 보는 자들은 바르게 보는 것이다.
 느낌이 있을 때 … 인식이 있을 때 … 심리현상들이 있을 때 … 알음알이가 있을 때 마라가 있고 죽이는 자가 있고 죽임을 당하는 자가 있다.
 라다여, 그러므로 여기서 그대는 알음알이를 마라라 보고 죽이는 자라 보고 죽임을 당하는 자라 보고 병이라 보고 종기라 보고 쇠살이라고 보고 통증이라 보고 지긋지긋한 통증이라 봐야 한다. 이렇게 보는 자들은 바르게 보는 것이다."

5. "세존이시여, 그런데 바르게 보는 것은 무엇을 위함입니까?"
"라다여, 바르게 보는 것은 염오를 위함이다."
"라다여, 염오는 탐욕의 빛바램[離慾]을 위함이다."
"세존이시여, 그러면 탐욕의 빛바램은 무엇을 위함입니까?"
"라다여, 탐욕의 빛바램은 해탈을 위함이다."
"세존이시여, 그러면 해탈은 무엇을 위함입니까?"
"라다여, 해탈은 열반을 위함이다."

6. "세존이시여, 그러면 열반은 무엇을 위함입니까?"
"라다여, 그대는 질문의 범위를 넘어서 버렸다. 그대는 질문의 한계를 잡지 못하였구나. 라다여, 청정범행을 닦는 것은 열반으로 귀결되고 열반을 궁극으로 하고 열반으로 완결되기 때문이다."

| 목 차 |

부처님 그분의 말씀

들어가는 말

마라

I. 마라

   1. 나는 마라다 ···································· 29

   2. 삼계의 지배자 마라 ························· 30

   3. 오온으로서의 마라 ·························· 31

   4. 업형성으로서의 마라 ······················ 32

   5. 오염원으로서의 마라 ······················ 34

   6. 죽음으로서의 마라 ·························· 35

II. 마라와 사념처

1. 마라와 마음챙김 ·· 41
2. 마음챙김(sati, 사띠, 念)이란 무엇인가? ······· 42
3. 마라와 사념처 ·· 45

III. 마라와 해체

1. 마라와 해체 ·· 55
2. 법 ·· 58
3. 교학과 법 ·· 61
4. 아비담마의 법 ·· 64

IV. 마라는 어디에서 일어나서 어디에서 자리 잡는가?

1. 60가지 갈애가 일어나는 곳(법) ················· 71
2. 무명과 갈애, 마음챙김과 지혜 ··················· 90
3. 「대념처경」 ··· 92

위빳사나

V. 위빳사나

1. 위빳사나란 무엇인가? ·················· 103
2. 팔정도와 위빳사나 ····················· 105
3. 위빳사나 16단계 ······················ 110
4. 위빳사나 10단계와 11단계 ············· 114
5. 얕은 위빳사나, 강한 위빳사나 ·········· 115
6. 칠청정과 위빳사나 16단계 ············· 121

VI. 위빳사나와 아비담마

1. 위빳사나의 대상 - 법 ·················· 127
2. 물질 ································ 129
3. 마음 ································ 136
4. 마음부수(심소법) ····················· 140
5. 인식과정 ···························· 147

VII. 위빳사나와 사념처

1. 마음챙김과 위빳사나 ··············· 153
2. 감각기능의 단속과 마음챙김 ········ 154
3. 사념처 ······························· 158
4. 사념처와 위빳사나 ················· 182

VIII. 위빳사나와 무상

1. 무상과 찰나 ························ 189
2. 마음챙김과 무상 - 보면 사라진다 ··· 193
3. 형색과 소리의 무상을 어떻게 관찰할 것인가? ··· 196

IX. 위빳사나 수행의 단계 - 1

1. 계청정 ····························· 205
2. 마음청정 ··························· 209
3. 견청정과 유신견 ··················· 214
4. 도의청정(의심을 극복함에 의한 청정) ··· 218

X. 위빳사나 수행의 단계 - 2
(위빳사나 10단계 지혜)

1. 명상의 지혜 ⋯⋯⋯⋯⋯⋯⋯⋯⋯⋯⋯⋯⋯⋯⋯ 227
2. 생멸의 지혜[전반부] ⋯⋯⋯⋯⋯⋯⋯⋯⋯⋯⋯ 238
3. 위빳사나를 시작한 자 | 위빳사나의 경계 ⋯ 247
4. 생멸의 지혜[후반부] ⋯⋯⋯⋯⋯⋯⋯⋯⋯⋯⋯ 256
5. 들숨날숨 ⋯⋯⋯⋯⋯⋯⋯⋯⋯⋯⋯⋯⋯⋯⋯ 260
6. 무너짐을 관찰하는 지혜[멸괴지] ⋯⋯⋯⋯⋯ 265
7. 공포의 지혜(염오) ⋯⋯⋯⋯⋯⋯⋯⋯⋯⋯⋯⋯ 272
8. 해탈하기를 원하는 지혜 ⋯⋯⋯⋯⋯⋯⋯⋯⋯ 274
9. 형성된 것들에 대한 평온의 지혜(공성의 체득) ⋯ 277
10. 해탈의 관문과 천착과 출현 ⋯⋯⋯⋯⋯⋯⋯ 281
11. 깨달음의 단계 ⋯⋯⋯⋯⋯⋯⋯⋯⋯⋯⋯⋯⋯ 286

무아의 특징 경(S22:59) ⋯⋯⋯⋯⋯⋯⋯⋯⋯⋯ 293

맺는말 ⋯⋯⋯⋯⋯⋯⋯⋯⋯⋯⋯⋯⋯⋯⋯⋯⋯ 296

참고문헌 ⋯⋯⋯⋯⋯⋯⋯⋯⋯⋯⋯⋯⋯⋯⋯⋯ 300

들어가는 말

마라

경과 주석서에는 마라는 의인화된 존재로 나타나며 해탈·열반을 방해하는 나쁜 자, 사악한 자로 묘사된다.
그리고 마라는 세속적인 모든 것, 즉 열반을 제외한 삼계의 모든 영역에서 그 위력을 드러내는 것으로 나타난다.

그 위력은 오온으로 업형성으로 오염원으로 죽음으로 나타나며, 삼계를 벗어나지 못한 모든 존재들은 마라의 위력에 지배당하고 있는 것으로 혹은 마라의 영역에 머물고 있는 것으로 또는 마라 그 자체라고 이해할 수 있을 것이다.

불교 수행의 목표는 삼계를 완전히 벗어나는 것, 즉 다시 태어나지 않음이다. 그러므로 삼계를 지배하고 있는 마라를 철저히 알 때 삼계를 벗어나는 조건은 얻어지게 된다.

실참수행의 측면에서 보면 마라는 방일한 수행자로 여겨진다.
방일한 수행자는 마음챙김을 놓쳐버리고 갈애와 사견에 의지해서 머무는 수행자이다. 이러한 수행자는 마라의 그물에서 벗어나지 못한 자일 것이다.

그러나 불방일(不放逸)한 수행자, 즉 마음챙김을 확립하고 있는 수행자는 마라로부터 벗어나는 발판을 얻은 자라 할 수 있다.

마라는 마음챙김을 확립한 수행자에게는 기회를 얻지 못하고 대상을 얻지 못하기 때문이다.

결론적으로 수행자는 두 가지의 선택지에 놓이게 된다.

마라의 영역으로 들어가느냐 마라의 영역에서 벗어나느냐이다.

마라의 영역에서 벗어나는 것은 사념처의 확립이고, 마라의 영역에서 머문다는 것은 마음챙김을 놓쳐버린 상태이기에 결국 불교 수행은 마음챙김의 확립으로 귀결됨을 알 수 있다.

주지하듯이 마음챙김의 현전인 불방일은 부처님의 마지막 유훈이기도 하다.

수행자가 마라라는 의인화된 존재를 통해 얻을 수 있는 것은 절박감과 두려움일 것이다.

매 찰나 수행을 방해하고 고통으로 몰아넣는 마라가 수행자의 곁에 어른거린다는 자각이 일어나면 두려움과 절박감으로 인해 수행자의 깨어있음과 정진력은 향상될 것으로 여겨진다.

이것이 필자가 받아들이고 있는 마라의 메시지이다.

지금 이 글을 읽고 있는 짧은 순간에도 형색과 눈과 마음에 마라가 내려앉을 곳을 찾기 위해서 기회를 엿보고 있음을 자각한다면 수행자는 마라를 이해했다고 할 수 있을 것이다.

위빳사나

도와 과는 위빳사나 수행을 통해서 얻어진다.
그러므로 깨달음을 추구하는 수행자라면 위빳사나에 대한 이해와 체득이 전제되어야 할 것이다.

위빳사나는 무상·고·무아의 통찰이라는 단순한 기법이 아니라 도닦음의 단계로 이해해야 한다.
이러한 단계는 10/11/16단계로 나타나며 수행자는 각 단계를 거쳐 가면서 물·심의 현상에 대한 이해와 체득은 깊어지게 된다.
이러한 이해와 체득이 깊어질 때 도와 과는 얻어지게 된다.

위빳사나 수행의 체계적 단계와 방법은 2,600년 불교 역사의 부동의 준거가 되고 부처님의 음성이라는 법명을 가진 붓다고사 스님이 저술한 『청정도론』에 심도 있게 나타난다.

위빳사나 수행은 단계를 거치는데 첫 번째는 이론적 단계이고 두 번째 단계는 실천적 단계라고 할 수 있다.

첫 번째인 이론적 단계는 위빳사나 수행의 대상이 되는 법을 명확히 아는 것이고 그러기 위해서는 법의 기준과 법의 체계적 가르침을 아비담마를 통해 꿰뚫어 나가야 한다.

아비담마는 위빳사나의 이론적 토대이면서, 법으로의 해체라는 불교 관문의 기준이 된다.

아비담마를 통해서 나와 세상을 해체할 때 개념적 존재의 공함은 드러나고, 법의 무상·고·무아의 통찰을 통해 공성의 체득이라는 상카라에 대한 평온의 지혜를 얻게 된다.

공성의 체득은 깨달음의 전제조건이다.

두 번째는 위빳사나 수행의 단계이다.

위빳사나 16단계 또는 10단계를 분명히 이해함으로써 수행자 스스로가 수행의 단계를 점검할 수 있어야 한다.

얕은 위빳사나인 견청정(見淸淨)과 도의청정(度疑淸淨)은 수행자 스스로 점검할 수 있다.

생멸의 지혜에서 조건과 순간을 봄으로써 사성제의 진리가 분명해짐도 경험할 수 있다.

그리고 수행자 스스로가 위빳사나 10가지 경계에서 머물고 있는지 극복했는지는 무너짐을 관찰하는 지혜(멸괴지)를 통해서 점검할 수 있으며, 멸괴지는 공포로 나타나는 지혜가 일어날 때 스스로 그 지혜를 확인할 수 있다.

이러한 과정은 청정도론의 위빳사나 10단계 지혜에서 분명하게 나타난다.

만약 이러한 과정을 무시하고 깨달음을 얻고자 한다면 그것은 문득 각자가 서로 다른 방법으로 깨달음이 일어난다고 하여야 할 것이다.

 강조하고 싶은 것은 위빳사나 수행을 통해 깨달음을 이루고자 한다면, 위빳사나 수행의 체계에 대한 이해가 전제되어야 하고, 위빳사나 수행의 이론적 토대가 되는 아비담마에 대한 이해를 마쳐야 한다는 점이다.

 이 책은 마라와 위빳사나라는 두 가지 주제를 담고 있다.
 마라라는 주제를 통해서는 수행자가 깨어있음에 전념하고 정진하는 원인에 대한 내용을 담고 있고, 위빳사나라는 주제를 통해서는 위빳사나의 단계와 위빳사나를 어떻게 닦아 나갈 것인가에 대해서 담고 있다.

 물론 마라에서 벗어나든 위빳사나를 행하든 불교 수행에 있어서 마음챙김의 확립은 가장 중요하게 강조되어야 할 부문일 것이다.

 이 책을 쓰면서 의지한 것은 부처님의 원음이 고스란히 담긴 4부 니까야와 주석, 경장의 주석서 청정도론, 논장인 아비담마이다.
 이러한 체계는 법에 대한 가장 정확한 이해를 준다고 필자는 확신하고 있다.

 이 책에서 부처님의 말씀을 잘못 이해한 것이 있다면 필자의 잘못이다. 필자의 주관적 견해로 보이는 것이 있다면 취할 것은 취하고 버릴 것은 버리면 될 것이다.

  부족한 책이지만 마라를 통한 마음챙김과 정진 그리고 위빳사나 수행을 궁구하는 계기가 되기를 바라면서 글을 접는다.

마 라

마라

I. 마라

　1. 나는 마라다

　2. 삼계의 지배자 마라

　3. 오온으로서의 마라

　4. 업형성으로서의 마라

　5. 오염원으로서의 마라

　6. 죽음으로서의 마라

Ⅱ. 마라와 사념처

   1. 마라와 마음챙김
   2. 마음챙김(sati, 사띠, 念)이란 무엇인가?
   3. 마라와 사념처

Ⅲ. 마라와 해체

   1. 마라와 해체
   2. 법
   3. 교학과 법
   4. 아비담마의 법

Ⅳ. 마라는 어디에서 일어나서 어디에서 자리 잡는가?

   1. 60가지 갈애가 일어나는 곳(법)
   2. 무명과 갈애, 마음챙김과 지혜
   3. 「대념처경」

I. 마라

1. 나는 마라다
2. 삼계의 지배자 마라
3. 오온으로서의 마라
4. 업형성으로서의 마라
5. 오염원으로서의 마라
6. 죽음으로서의 마라

I. 마라

1. 나는 마라다

의인화된 마라는 크게 네 가지로 나타난다.
오온으로서의 마라, 업형성으로서의 마라, 오염원으로서의 마라, 죽음으로서의 마라이다.
이 네 가지가 일어나고 있는 것이 바로 '나'이다.

존재들 대부분은 업을 쌓고 그리고 태어난다. 그 태어남이 바로 오온이며 오온이 일어나는 대부분의 찰나는 오염원들로 더럽혀지며 결국에는 죽음으로 귀결된다.
이러한 과정이 바로 마라의 위력이고, 마라의 영역이고, 마라의 나타남이다.
마라의 영역에서 머무는 한 고통에서 자유로울 수가 없다.

수행자 스스로는 매 찰나 마라의 위력과 마라의 영역에서 벗어나기 위해 노력해야 한다.
그러기 위해서는 마라를 철저히 알아야 하며, 마라를 두려워해야 하며, 스스로가 마라가 되지 않기 위해 깨어있음에 전념해야 한다.

마라는 두렵고 고통을 주는 존재이다.

두렵고 고통스럽기에 '나'를 마라로 알아야 하고, 나를 마라로 이해하는 순간 그것을 극복하기 위한 절박함과 정진은 배가 된다.

이러한 이유로 '나'를 마라로 알아야 한다.

2. 삼계의 지배자 마라

삼계는 욕계・색계・무색계 세상을 뜻한다.
삼계에 머문다는 것은 태어났다는 의미이고, 태어남은 죽음으로 귀결된다.
죽음은 마라의 다른 이름이다.

삼계의 어디에 존재하든 존재는 죽음을 넘어설 수 없기에, 마라의 영역에 머무는 것이 되고 마라의 지배하에 놓이게 된다.
이러한 맥락에서 마라는 삼계의 지배자로 이해된다.

불교 수행의 궁극적 목표는 삼계를 완전히 벗어나는 것, 즉 태어남, 늙음, 죽음의 극복이다.
그러기 위해서는 삼계의 지배자인 마라를 철저히 알아야 하고, 마라를 철저히 알아야 한다는 것은 형성된 것들, 즉 유위법을 철저히 아는 것으로 귀결된다.

유위법의 이해는 교학으로부터 시작되기에, 삼계의 지배자인 마라를 쳐부수기 위한 첫걸음은 교학과 아비담마를 배움으로부터 시작된다.

적을 알고 나를 알아야 전쟁에서 승리한다.

3. 오온으로서의 마라

오온은 다섯 무더기이고 오취온은 취착과 함께하는 다섯 무더기이다.
오취온은 오온에 포함된다.
교학적으로 오온이라고 표현하지만 엄밀하게 구분하면 성자가 열반을 대상으로 한 경우의 (그 성자의) 정신을 제외하고는 모든 오온은 오취온이다.

대부분의 존재들은 이러한 오취온의 상태이며 이 오취온의 상태가 바로 마라의 상태라 할 수 있다.

존재들에게는 매 찰나 정신·물질의 현상이 일어나며 이러한 정신·물질의 현상을 다시 교학적으로 해체하면 색·수·상·행·식이라는 다섯 무더기로 해체된다.

이 다섯 무더기를 '나다.' '내 것이다.' '나의 자아다.'라고 취착할 때 오온으로서의 마라의 위력은 나타나게 된다.

  소리가 들릴 때 소리라는 물질, 귀라는 물질을 법이라고 마음을 챙기지 못하면 마라는 위력을 드러내고, 그때 일어나는 소리에 대한 느낌·인식·심리현상들에 마음을 챙기지 못해도 마라는 그 위력을 드러낸다.

  불교 교학에서 나는 무엇인가에 대한 대답이 바로 오온이다.
  이 오온을 '나'라고 착각하면 마라는 위력을 드러내고 '나'를 오온으로 철저히 해체해서 무아를 꿰뚫어 볼 때 마라의 위력은 약해지고 제거된다.

  무아는 실체 없음으로 나타난다.
  실체가 없다고 보는데 어떻게 마라가 내려올 곳이 있겠는가!
  오온의 현상을 철저히 이해하고 해체해서 무아라고 꿰뚫어 볼 때 마라로부터 벗어나게 된다.

4. 업형성으로서의 마라

  업은 유익하거나 해로운 마음과 결합한 의도이고 업의 가장 큰 특징은 과보를 가져온다는 점이다.

  아라한이 아닌 이상 존재들의 업은 과보를 가져오고 그 과보는 재생연결이나 삶의 과정에서 나타난다.
　이러한 과정이 업과 과보의 관계이며 업형성으로서의 마라가 위력을 나타내는 경우이다.

　존재한다는 것, 다시 태어난다는 것은 업의 위력이자 마라의 위력이다.
　이러한 위력을 극복하기 위해서는 기본적으로 업과 과보의 관계를 알아야 하고 선업과 불선업을 명확하게 구분해야 한다.
　선업이든 불선업이든 과보를 가져오지만 선업을 지어야 마라의 위력으로부터 벗어날 수 있는 조건이 형성된다.

　지금 이 찰나에도 감각의 문을 통해 대상들이 나타나고 그 대상들이 나타나는 순간 과보의 마음이 일어나고 그 대상들을 조건으로 선업·불선업을 짓게 된다.

　이렇게 업과 과보 그리고 다시 업을 짓는 과정을 철저하게 이해할 때 업형성으로서의 마라로부터 벗어나는 조건을 얻는다.

　이러한 업과 과보의 관계는 아비담마를 배우고 이해할 때 가능하다.
　그러므로 업형성의 위력을 가진 마라로부터 벗어나는 그 첫걸음은 교학과 아비담마의 이해로부터 시작된다.

지금 수행자에게 일어나는 마음이 업을 짓는 마음인지 무기의 마음인지를 이해하지 못하고 체득하지 못한다면 업형성으로서의 마라로부터 벗어나는 것은 요원할 것이다.

5. 오염원으로서의 마라

불교 교학에는 선법과 불선법이 있다.
선법은 해탈·열반에 이르게 하는 법이고, 불선법은 해탈·열반에 이르지 못하게 하는, 고통으로 이끄는 법이다.
이 불선법이 바로 오염원들이다.

이러한 오염원들은 번뇌, 폭류, 속박, 매듭, 취착, 장애, 잠재성향, 족쇄 등으로 나타나며 존재들을 고통으로 몰아넣고 악처에 떨어지게 한다.
이러한 오염원들이 바로 마라의 위력이다.
오염원들을 정확히 파악하는 것은 선법·불선법의 판단이며, 선법·불선법의 판단은 팔정도의 바른 정진을 행하고 있는 것이 된다.

수행자가 정진하기 위해서는 선·불선의 판단이 전제되어야 하고, 선·불선의 판단이 전제되기 위해서는 교학과 더불어 아비담마의 법이 먼저 이해되어야 한다.

지금 형색이 보이고 소리가 들리는 것은 선법인가 불선법인가, 아니면 무기법인가?

여기에 대한 명확한 교학적 이해가 없으면 선·불선·무기의 판단은 어려울 것이며, 선법이든 불선법이든 무기법이든 법으로 판단되지 않으면 형색을 '내 것'이라 보고 소리를 '내'가 듣는다는 오염원들의 마라가 나타날 것이다.

오염원의 마라를 쳐부수기 위해서는 오염원이 무엇인지 알아야 하고 오염원이 무엇인지 알기 위해서는 교학과 아비담마에 대한 이해가 전제되어야 함을 다시 한번 강조한다.

6. 죽음으로서의 마라

팔만사천 대겁을 사는 무색계의 존재라고 하더라도 결국은 죽음을 맞이한다.

삼계는 윤회의 영역이며 삼계에서 벗어나지 못하는 한 죽음을 면치 못한다.

죽음은 삼계의 영역이고 마라의 영역이다.

모든 존재들은 죽음을 향해 가고 있고 죽음으로서의 마라는 존재와 함께 동행한다.

수행자는 죽음으로서의 마라를 통해 절박감을 가짐으로써 정진하게 된다.

또한 죽음이라는 개념을 해체해서 찰나로 보면 존재들, 즉 형성된 것들은 매 찰나 죽음에 이르고 있음을 알 수 있다.

모든 유위법들은 일어났다가는 사라지고, 있다가 없어져 버리고, 태어나서는 바로 죽어버린다.

이러한 유위법들의 특상이 바로 무상(諸行無常)이고, 찰나의 죽음은 무상의 다른 이름이다.

무상은 위빳사나 수행의 근본이 되고 이 무상을 죽음으로 이해함으로써 위빳사나 지혜는 더 깊어져 간다.

수행자는 기본적으로 죽음에 대한 두려움을 가져야 하며 나아가서 찰나의 죽음에 대한 이해도 가져야 한다.

이것이 지금 동행하고 있는 죽음으로서의 마라가 수행자에게 주는 교훈일 것이다.

II. 마라와 사념처

1. 마라와 마음챙김
2. 마음챙김(sati, 사띠, 念)이란 무엇인가?
3. 마라와 사념처

II. 마라와 사념처

1. 마라와 마음챙김

6.7. 그리고 나서 세존께서는 비구들을 불러서 말씀하셨다. "비구들이여, 참으로 이제 그대들에게 당부하노니, 형성된 것들은 소멸하기 마련인 법이다. 방일하지 말고 [해야 할 바를 모두] 성취하라!"
이것이 여래의 마지막 유훈이다.

「대반열반경」(D16 §6.7)

방일하지 말고[不放逸]는 마음챙김의 현전(現前)이라는 의미이다. 부처님의 마지막 유훈은 마음챙김이다.

마음챙김의 어원은 √smr(to remember)로 나타나고,
마라의 어원은 √smr(to kill, to die) 혹은 √smr(to remember)로 산스끄리뜨어로 나타난다.

마라와 마음챙김이 어원이 같다는 것으로 이해하고, 삼계를 벗어나기 위한 발판이 되는 마음챙김과 삼계를 지배하고 있는 마라와의 관계를 수행의 관점에서 본다면 시사하는 의미는 클 것이다.

존재들에게는 매 찰나 감각기관과 감각대상이 조우하는 세상이 일어난다. 이 세상이 바로 12처이며, 12처는 갈애가 일어나는 장소이면서 윤회가 펼쳐지는 장소이기도 하다.

수행자는 이 12처가 일어나는 세상에 방일(放逸)과 불방일(不放逸)이라는 선택지에 놓이게 된다.
방일하게 되면 마라의 영역으로 들어가게 되고 불방일하면 마라의 영역에서 벗어나게 되는 조건을 얻게 된다.

소리가 들리는 순간, 소리 혹은 소리를 아는 마음에 마음을 챙기느냐 아니면 그냥 소리를 듣느냐는 이 찰나지간의 선택에 따라 방일한 수행자가 되느냐 불방일한 수행자가 되느냐의 기로에 서 있는 것이다.
방일하게 되면 마라가 되고, 불방일하게 되면 부처님의 간곡한 당부이고 유훈인 마음챙기는 자가 된다.

깨달음을 추구하는 수행자는 이렇게 마음챙김과 마라와의 관계를 이해해야 할 것이다.

2. 마음챙김(sati. 사띠. 念)이란 무엇인가?

마음챙김은 불교 수행의 시작이자 끝이요 전부라 할 수 있다.
이러한 마음챙김은 사념처수행으로 나타나며, 사념처는 열반을 실현하기 위한 유일한 길로 나타난다.

마음챙김은 빠알리어 sati(念, 사띠)의 번역어이다.
마음챙김은 오온의 행온에 포함되고, 아비담마의 82법 중에 심소법 52가지 법 중의 하나이고, 유익한 마음이 일어날 때 반드시 일어나는 심리현상이다.
마음챙김이 확립되어야 유익한 마음 혹은 선법이라는 의미가 성립된다.

마음챙김은 정확히는 마음이 대상을 챙김이란 뜻이다.
대상을 챙기고, 대상을 묶고, 대상에 깊이 들어가는 것이 마음챙김의 특징이고, 잊지 않는 역할을 하고 보호하는 것으로 나타난다.

수행의 관점에서 보면
① 마음챙김이 마음을 대상에 묶어서 마음이 더 이상 달아나지 않으면 사량분별은 일어나지 않고 불선법으로 확장되지 않는다.
즉 소리가 들릴 때 소리라고 마음을 챙기면 그 소리를 조건으로 이렇고 저렇고 하는 생각이 일어나지 않음이 경험됨을 알 수 있다.
이것이 마음챙김의 특징이다.

② 마음챙김은 대상을 챙기고, 대상을 묶고, 대상을 파지하고, 대상에 깊이 확립되는 것이 특징이기 때문에 바로 수행과 직결된다.

탐욕이나 성냄의 마음이 일어날 때 마음을 챙기게 되면, 탐욕·성냄의 마음의 자리에 마음챙김과 함께하는 유익한 마음이 그 자리를 대신한다.

③ 이렇게 마음챙김이 대상에 확립될 때 불선법으로부터 보호된다.
불선법의 제거, 혹은 불선법이 일어나지 않게 하는 수행이 마음챙김을 통해서 일어난다.

④ 그래서 마음챙김은 유익한 마음이 일어날 때 반드시 함께하는 마음부수법으로 나타난다.

⑤ 대상이 무엇인지 아는 고유성질의 파악도 그 대상을 정확하게 묶어 두는 마음챙김을 통해 가능하다.
대상의 고유성질을 파악하는 것은 지혜의 특징 중의 하나이다.

⑥ 무상을 관찰하는 수행도 마음챙김을 통해 일어난다.
마음챙김이 대상에 깊이 확립되어 있을 때 그 대상의 사라짐을 관찰할 수 있다.

⑦ 마음챙김 그 자체는 지혜가 아니다.
지혜는 기본적으로 대상의 고유성질을 파악하는 것이다. 마음챙김이 대상을 거머쥐고 대상의 고유성질을 파악할 때 마음챙김

과 지혜가 함께하는 마음이다.

사띠(sati) 삼빠자나(sampajāna)
정념(正念) 정지(正知)
마음챙기고 알아차린다.
이러한 용어들은 마음챙김과 지혜가 함께한다는 의미이다.

⑧ 마음챙김과 알아차림은 구분되어야 한다.
깨어있어라, 사띠를 두라, 자각하라는 마음챙김의 의미이고, 알아차려라는 지혜의 영역임을 알아야 한다.

사띠를 통상적으로 알아차림이라고 한다면 이해하기는 쉽지만 찰나를 다투는 수행자의 입장에서 보면 마음챙김과 알아차림(지혜)은 분명 다른 역할을 하고 있음이 드러난다.

마음챙김은 불교 수행의 핵심 요체이다.
그러기에 마음챙김이라는 수행 용어에 대한 철저한 이해와 체득은 깨달음을 추구하는 이에게는 반드시 요구되고 있음을 알아야 한다.

3. 마라와 사념처

"비구들이여, 이와 같이 비구는 자신을 섬으로 삼고[自燈明] 자신을 귀의처로 삼아[自歸依] 머물고 남을 귀의처로 삼아 머물지 않는다. 법을 섬으로 삼고[法燈明] 법을 귀의처로 삼아[法歸依] 머물고 다른 것을 귀의처로 삼아 머물지 않는다. 비구들이여, 자신의 고향동네인 행동의 영역에서 유행하라. 비구들이여, 자신의 고향동네인 행동의 영역에서 유행하는 자에게 마라는 내려앉을 곳을 얻지 못할 것이고 마라는 대상을 얻지 못할 것이다. 비구들이여, 유익한 법들을 수지하기 때문에 이러한 공덕은 증장한다."

「전륜성왕 사자후경」 (D26 §1)

수행자의 행동 영역은 사념처를 닦고 사념처를 확립하는 것이다.

사념처는 신·수·심·법, 즉 몸·느낌·마음·심리현상이라는 네 가지 대상에 마음챙김을 확립하는 것을 의미한다.

그 대상들은 다음과 같이 나타난다.

(1) 몸(kaya, 身): 14가지
 ① 들숨날숨
 ② 네 가지 자세
 ③ 네 가지 분명하게 알아차림
 ④ 32가지 몸의 형태
 ⑤ 사대를 분석함
 ⑥~⑭ 아홉 가지 공동묘지의 관찰

(2) 느낌(vedana, 受): 9가지

① 즐거운 느낌 ② 괴로운 느낌 ③ 괴롭지도 즐겁지도 않은 느낌 ④ 세속적인 즐거운 느낌 ⑤ 세속적인 괴로운 느낌 ⑥ 세속적인 괴롭지도 즐겁지도 않은 느낌 ⑦ 세속을 여읜 즐거운 느낌 ⑧ 세속을 여읜 괴로운 느낌 ⑨ 세속을 여읜 괴롭지도 즐겁지도 않은 느낌

(3) 마음(citta, 心): 16가지

① 탐욕이 있는 마음 ② 탐욕을 여읜 마음
③ 성냄이 있는 마음 ④ 성냄을 여읜 마음
⑤ 미혹이 있는 마음 ⑥ 미혹을 여읜 마음
⑦ 위축된 마음 ⑧ 산란한 마음
⑨ 고귀한 마음 ⑩ 고귀하지 않은 마음
⑪ 위가 남아 있는 마음 ⑫ [더 이상] 위가 없는 마음
⑬ 삼매에 든 마음 ⑭ 삼매에 들지 않은 마음
⑮ 해탈한 마음 ⑯ 해탈하지 않은 마음

(4) 심리현상(dhamma, 法): 5가지

① 장애(蓋)를 파악함
② 무더기(蘊)를 파악함
③ 감각장소(處)를 파악함
④ 깨달음의 구성요소(覺支)를 파악함
⑤ 진리(諦)를 파악함

사념처의 신·수·심·법은 오온을 뜻한다고 할 수 있고, 구체적으로는 오온이 일어나는 현상을 마음챙김의 대상으로 네 등분한 것으로 이해할 수 있을 것이다.

오온에서 색은 물질이다.
이러한 물질들은 어떻게 일어나며, 수행자는 그러한 물질들을 어떻게 관찰하는가?
그것은 바로 몸에 대한 관찰로써 얻어진다.

사념처에서 몸의 관찰은 ① 들숨날숨 ② 네 가지 자세 ③ 네 가지 분명하게 알아차림 ④ 32가지 몸의 형태 ⑤ 사대의 관찰 ⑥~⑭ 아홉 가지 공동묘지의 관찰로 나타난다.

여기서 32가지 몸의 형태와 공동묘지의 관찰을 제외한 들숨날숨, 네 가지 자세, 네 가지 분명하게 알아차림, 사대의 관찰은 물질에 대한 관찰이며, 지금 여기, 즉 일상에서 즉각적으로 관찰할 수 있는 수행법이라 할 수 있다.

네 가지 자세인 걷고 서고 앉고 눕고는 하루 종일 일어나는 자세들이다.
여기에 마음챙김을 확립함으로써 몸의 관찰이라는 신념처 수행을 하는 것이고, 나아가서는 오온에서 물질의 관찰로 나타난다.

구체적으로 보면 걷는다는 것은 마음의 작용과 바람의 요소와 몸의 암시라는 물질의 상호작용으로 나타나는 현상이라 할 수 있다.

걸으려고 마음을 내는 순간이 마음의 작용이다. 이 마음의 작용에서 의도라는 법은 두드러지게 나타난다. 이 의도는 정신이면서 52가지 심소법 중의 하나이다.
마음이 일어날 때 의도를 조건으로 움직임이라는 바람의 요소와 바람의 요소의 형태 변화인 몸의 암시라는 물질이 일어난다.

이러한 관점으로 관찰하게 되면 내가 걷는 것이 아니고 정신·물질이 조건발생하는 것임이 드러난다. 이렇게 관찰하는 것이 사념처 수행에서 몸의 관찰로 이해된다.

이 몸의 관찰을 통해 수행자는 다음과 같은 결과를 기대할 수 있다.

첫째는 몸의 관찰을 통해 마음챙김을 숙달하게 된다.

둘째로는 몸의 관찰에서 일어나는 법들, 즉 의도, 바람의 요소, 몸의 암시라는 법을 관찰함으로써 고유성질을 파악하는 지혜가 일어나게 된다.
지혜는 기본적으로 법의 고유성질을 파악하는 것이다.

Ⅱ. 마라와 사념처

이렇게 해서 수행자는 마음챙김과 지혜를 확립하게 된다.

셋째는 마음의 작용이라는 정신과 바람의 요소와 몸의 암시라는 물질을 통해 정신·물질을 관찰함으로써 견청정이라는 지혜와 그리고 이들의 조건을 파악함으로써 무아를 이해하는 도의청정이라는 지혜를 얻게 된다.
이러한 과정은 얕은 위빳사나에 속한다.

넷째는 구체적 물질인 바람의 요소와 의도라는 정신의 사라짐을 관찰함으로써 무상을 관찰하게 된다.
이러한 과정 역시 얕은 위빳사나에 속한다.

다섯째는 이러한 무상의 관찰을 통해 강한 위빳사나인 염오가 일어나게 되고 염오를 조건으로 깨달음이라는 열반을 실현하게 된다.
이러한 과정은 느낌·마음·심리현상에도 적용되고, 지혜의 순서로 보면 안 것의 통달지, 조사의 통달지, 버림의 통달지라는 지혜를 순차적으로 얻게 되는 과정이 된다.

사념처는 대상을 크게 신·수·심·법의 네 가지로 나누고 구체적으로는 21/44가지의 대상을 확정한다.
수행자는 이러한 대상들에 마음챙김을 숙달하고 나아가서 그 대상들의 보편적 특성인 무상·고·무아를 통찰하게 되는 위빳사나의 과정을 닦아 나가게 된다.

마라는 오염원이면서 사악한 자이고 윤회의 고통을 주는 자이다.

이러한 마라를 극복하고 쳐부수는 유일한 방법은 마음챙김의 확립이고, 마음챙김의 확립은 사념처를 통해서 닦아 나가게 된다.

23. "비구들이여, 몸에 대한 마음챙김을 닦지 않고 거듭거듭 행하지 않은 사람은 누구나 마라에게 기회를 주고 마라의 대상이 되어 버린다.

비구들이여, 만약 어떤 사람이 무거운 돌멩이를 질퍽한 진흙더미에 던졌다고 하자. 비구들이여, 이를 어떻게 생각하는가? 무거운 돌은 질퍽한 진흙더미에 파고들어 가겠는가?"

"그렇습니다. 세존이시여."

"비구들이여, 그와 같이 몸에 대한 마음챙김을 닦지 않고 거듭거듭 행하지 않은 사람은 누구나 마라에게 기회를 주고 마라의 대상이 되어버린다."

「몸에 대한 마음챙김 경」(M119 §23)

III. 마라와 해체

1. 마라와 해체
2. 법
3. 교학과 법
4. 아비담마의 법

III. 마라와 해체

1. 마라와 해체

"12. 도반들이여, 이를 일러 비구는 눈으로 인식되는 형색들에서 오염원들이 흐르고, 귀로 인식되는 소리들에서 오염원들이 흐르고, 코로 인식되는 냄새들에서 오염원들이 흐르고, 혀로 인식되는 맛들에서 오염원들이 흐르고, 몸으로 인식되는 감촉들에서 오염원들이 흐르고, 마노로 인식되는 법들에서 오염원들이 흐른다고 합니다.

비구가 이렇게 머물 때 만일 마라가 눈으로 그에게 접근하면 마라는 그에게 들어갈 기회를 얻고 사로잡아 버릴 대상을 얻을 것입니다.

만일 눈으로 귀로 코로 혀로 몸으로 마노로 그에게 접근하면 마라는 그에게 들어갈 기회를 얻고 그를 사로잡아 버릴 대상을 얻을 것입니다."

「오염원들이 흐름에 대한 법문 경」 (S35:243 §12)

오염원이면서 사악한 자이고 고통을 주는 자인 마라는 늘 수행자 곁에 서 있으면서 접근할 기회를 노리고 있다.

이러한 마라가 접근하는 방법은 이렇게 나타난다.
수행자가 마음챙김을 놓쳐버리게 되면 마음은 오염원들로 흐르게 되고 그 오염원들의 대상에 마라는 접근해서 자리 잡게 된다.

 눈으로 양귀비를 보는 순간 탐욕의 마음이 일어났다면 눈이나 형색이나 형색을 아는 마음 중의 하나는 마라의 대상이 되며 거기에서 마라는 자리 잡게 된다.
 이러한 과정이 마라에게 기회를 주고 마라가 대상을 얻는 과정이다.

 불교 수행은 이러한 대상에서 출발하기에 대상을 명확하게 아는 것이 수행의 출발점이 된다.
 대상을 명확하게 안다는 것은 지혜롭게 마음에 잡도리함[요니소 마나시까라]으로부터 출발한다.

 대상을 어떻게 알고 어떻게 볼 것인가?
 대상을 알기 위해서는 대상이 무엇인지 알아야 하므로 교학과 아비담마가 필요하고, 대상이 무엇인지 보기 위해서는 해체라는 방법론이 필요하다.

 교학을 통해 오온·12처·18계를 배움으로써 대상과 해체를 이해하고, 아비담마에서 가르치는 구경법 82법을 이해함으로써 대상을 명확히 한다.

 그리고 이러한 대상들은 해체라는 방법론을 적용시켜 내 안에서 확인하게 된다.

불교의 해체는 개념적 존재를 법으로 해체해서 보는 것이라 할 수 있다.

내가 걷고 있고 내가 밥을 먹고 있다고 생각한다면 그것은 개념적 존재이다.

이러한 개념적 존재를 법이라는 기준으로 관찰하는 것이 해체라는 방법론이다.

법은 현상을 뜻하고 각각의 현상은 다르게 나타난다.
다르게 나타나는 현상을 법의 고유성질이라 할 수 있다.

움직임이라는 현상, 움직이려는 마음의 현상, 이러한 현상들을 다르게 경험되는 것이며 다르게 경험되는 현상을 고유성질을 가진 법이라고 명명한다.

이렇게 법이라는 기준으로 보게 되면 걷는다는 개념은 움직임이라는 법, 의도라는 법들의 결합으로 나타난다. 즉 내가 걷는다는 개념이 해체되면 현상들, 즉 법들만 일어나고 있을 뿐이라는 것이 드러난다.

해체가 중요한 이유는 크게 두 가지를 들 수 있다.

첫째, 해체는 불교의 근본인 무아의 이해와 무아를 체득하는 방법으로 나타난다.

둘째, 해체를 통해서 드러나는 대상, 즉 법을 통해서 무상·고·무아의 통찰이라는 위빳사나를 행할 수 있게 된다.

나라고 하는 존재론적 개념이 해체되면 법들의 조건발생, 즉 현상들만 일어나고 있는 것이 보이고, 그것들의 사라짐이 보이게 된다.

이렇게 관찰하는 것이 위빳사나를 행하는 것이다.

해체되지 않은 개념 덩어리들에서는 무상은 드러나지 않는다. 그러므로 존재론적 개념은 반드시 해체되어야 하고, 해체는 수행자가 반드시 통과해야 할 관문이 된다.

마라는 개념적 존재를 즐기지만, 해체를 통해서 법으로 관찰하는 수행자에게는 마라는 그 위력을 상실해 버린다.

그러므로 마라와의 전쟁에서 승리하기 위해서는 해체는 전제되어야 하고 그 해체의 대상이 되는 법을 명확하게 알아야 한다는 것으로 귀결된다.

2. 법

"6.1. 그때 세존께서는 아난다 존자를 불러서 말씀하셨다.

"아난다여, 그런데 그대들에게 '이제 스승의 가르침은 끝나 버렸다.

이제 스승은 계시지 않는다.'라는 생각이 들지도 모른다.

그러나 그렇게 봐서는 안 된다.

아난다여, 내가 가고 난 후에는 그대들에게 가르치고 천명한 법과 율이 그대들의 스승이 될 것이다."

「대반열반경」(D16 § 6.1)

스승이 계시지 않는 이 시대에 불교 수행자의 스승은 법과 율이 된다.

수행자는 법을 철저하게 이해하고 궁구함으로써 스승의 가르침을 잘못 이해하는 오류에서 벗어나게 된다.

법에 대한 철저한 사유가 있을 때 수행자는 스승을 만나고 있는 것이다.

법은 크게 두 가지로 볼 수 있다.

첫째, 법(法)은 부처님의 가르침 전체를 뜻한다.

불자들은 법을 배우고 법을 실천한다. 이 의미는 부처님의 가르침을 배우고 부처님의 가르침을 실천한다는 의미이다.

구체적으로는 5온·12처·18계·22근·4성제·12연기라는 교학과 사념처·사정근·사여의족·오근·오력·칠각지·팔정도라는 37보리분법을 들 수 있다.

둘째는 고유성질을 가진 것이다.

법은 현상이라 할 수 있고, 또 고유성질을 가진 것으로 나타난다.

수행의 관점에서 본다면 법의 기준은 고유성질로 나타난다.

그리고 이 고유성질을 가진 법을 체계적으로 가르치고 있는 것이 아비담마이다.

탐욕의 현상과 성냄의 현상은 다르게 나타난다. 이 각각이 다르게 나타나는 것은 고유성질이 다르기 때문이다.
　탐욕은 당기는 고유성질이 있고, 성냄은 밀쳐내는 고유성질이 있다.
　고유성질을 가진 법은 이렇게 이해된다.

　또한 법을 이해하는 데 있어서 3가지 전제조건을 알아야 한다.
　법은 고유성질을 가진 것이라는 것.
　법은 찰나적 존재라는 것.
　법은 조건발생이라는 것.

　내가 좋아하는 음악을 들으면 기분이 좋다. 이 과정이 법으로 해체되면 이렇게 나타난다.

　기분이 좋은 것은 즐거운 느낌이 일어난 것이다.
　느낌은 느껴지는 것이 고유성질이다.

　소리가 사라지면 느낌도 사라진다.
　느낌은 찰나적 존재이다.

　느낌이 일어나기 위해서는 귀와 소리라는 조건이 있어야 한다.
　듣지 못하거나, 소리가 없다면 느낌은 일어나지 않는다.
　느낌은 조건발생이다.

　한 찰나, 소리가 들리는 순간이 법(현상)으로 해체되면, 법의 조건이 드러나고 고유성질이 드러나고 찰나가 드러난다.
　수행은 이러한 법들을 통해서 이루어지기에 수행자에게 먼저 요구되는 것은 법에 대한 이론적 이해이다.

　법은 넓게는 부처님의 가르침이요, 좁게는 고유성질을 가진 것으로 이해된다.
　그러나 둘은 다른 것이 아니다. 고유성질을 가진 것을 배우는 것이 곧 부처님의 가르침인 불법을 배우고 있는 것이 된다.

　수행자는 법을 이렇게 이해해야 할 것이다.

3. 교학과 법

　불교 교학은 5온, 12처, 18계, 22근, 4성제, 12연기로 나타난다.
　이 중에서 나와 세상이라는 존재론적 개념은 5온·12처·18계로 해체된다.

◆ 오온
　오온은 나는 무엇인가에 대한 부처님의 가르침이다.

　내가 걷고 먹고 보고 한다고 착각하면 마라가 된다.
　그러나 '나'를 다섯 무더기로 해체해서 이해하면 마라에서 벗어나게 되고 깨달음을 얻는 발판을 마련한다.

오온으로의 해체란 '나'를 물질·느낌·인식·심리현상들·알음알이의 법으로 보는 것을 뜻한다. 법으로 마음챙김을 확립하게 되면 조건이 보이고, 무상이 보인다. 이렇게 해체해서 보면 무아는 체득되게 되고, 무아가 체득된 수행자에게는 마라는 그 위력을 잃어버린다.

◆ 12처
12처는 세상이란 무엇인가에 대한 부처님의 가르침이다.

눈과 형색이 만나고, 인식하는 과정에서 형색에 이름이 붙게 되면 개념이 되고 세상이 된다.
이러한 세상에는 사람, 여자, 남자, 자동차, 집 등의 이름들이 있고 우리는 이러한 이름들에 취착을 일으킴으로써 분별망상하는 마라가 된다.

세상을 해체하면 12처라는 법들이 드러날 뿐 별다른 세상이라는 것은 없다.
12처는 다음과 같이 나타난다.
눈의 감각장소   형색의 감각장소
귀의 감각장소   소리의 감각장소
코의 감각장소   냄새의 감각장소
혀의 감각장소   맛의 감각장소

몸의 감각장소   감촉의 감각장소
마노의 감각장소 법의 감각장소

이 12가지가 세상이고, 세상이 일어나는 곳이고, 윤회가 펼쳐지는 곳이다.

이렇게 세상을 해체해서 12가지 감각장소의 일어남으로 보게 되면 거기에서 내가 보는 세상은 사라지고 법과 법들의 조건이 드러나고, 그 법들에 마음챙김을 확립하고 위빳사나를 행함으로써 수행자는 세상이라는 마라의 영역에서 벗어나는 조건을 만들게 된다.

◆ 18계

18계는 세상이란 무엇인가에 대한 가르침이다.

세상을 해체하면 18가지 요소일 뿐이라는 것이 18계의 가르침이다.

18가지 요소는 다음과 같이 나타난다.

눈의 요소, 형색의 요소, 눈의 알음알이의 요소
귀의 요소, 소리의 요소, 귀의 알음알이의 요소
코의 요소, 냄새의 요소, 코의 알음알이의 요소
혀의 요소, 맛의 요소, 혀의 알음알이의 요소
몸의 요소, 감촉의 요소, 몸의 알음알이의 요소
마노의 요소, 법의 요소, 마노의 알음알이의 요소

세상은 조건발생이다. 눈과 형색을 조건으로 눈의 알음알이인 마음이 일어난다.
각각의 요소들이 조건에 의해서 일어나고 있는 것, 즉 형성된 유위법들일 뿐이다.
이것이 세상이다.

오온의 가르침은 나를 해체해서 보면 다섯 무더기일 뿐 고정불변하는 '나'는 없다는 가르침이다.
12처·18계의 가르침 역시 세상을 해체하면 12가지 감각장소와 18가지 요소의 일어남일 뿐 고정불변하는 세상이라는 것은 없다는 가르침이다.

나와 세상을 해체하면 법이 드러나고 실체 없음이 드러난다.
실체가 없는 것이라고 공하다고 보는 수행자에게는 마라가 내려앉지 못하고, 세상을 있는 것으로 착각하고 취착하면 마라와 동행하게 된다.

이렇게 교학으로서의 법을 이해해야 한다.

4. 아비담마의 법

아비담마는 '법에 대해서'라는 또는 '수승한 법'이라는 의미를 가지고 있다.

아비담마의 법은 82가지로 나타난다.
나와 세상을 해체하면 82가지의 고유성질을 가진 법이 드러나고, 그 법은 유위법과 무위법으로 나누어진다.

무위법은 열반이고, 나머지 81법은 유위법이다.
유위법의 세상은 마라의 영역이고, 마라의 지배를 받는 고의 세계이다.
수행자는 고의 세계, 마라의 영역에서 벗어나기 위해서 우선 유위법을 철저히 알아야 한다.
무위법과 더불어 이러한 유위법들의 관계를 가르치고 있는 것이 아비담마이다.

유위법을 다시 한번 정리하면 고유성질을 가진 것, 찰나적 존재, 조건발생으로 이해할 수 있다.
유위법은 '나'라고 하는 오온 그 자체인 것이다.

아비담마에서는 유위법을 크게 3가지로 분류한다.
마음: 1
마음부수: 52
물질: 28

마음의 고유성질은 대상을 아는 것이다.
수많은 마음이 일어나고 있지만, 대상을 아는 것으로는 하나의 고유성질을 가진다. 그래서 마음은 1가지이다.

그리고 그러한 마음과 함께 일어나는 마음부수는 52가지이다. 대표적 마음부수는 탐욕, 성냄, 마음챙김, 느낌, 의도 등이 있다.

물질은 28가지로 나타나며 그중에서 대표적인 물질은 4대의 물질인 지·수·화·풍이다.

아비담마는 이러한 정신·물질의 81법들의 조건과 관계를 가르침으로써 '나'라는 것은 없고 법들만이 일어날 뿐이라는 것을 드러낸다.

위빳사나 수행은 이러한 81법들의 관찰과 그들의 무상·고·무아를 통찰함으로서 닦아 나가게 된다.
그러므로 아비담마의 법이 깊어지는 만큼 위빳사나의 이해와 수행도 깊어지게 되고, 결국에는 마라도 완전히 그 위력을 상실하게 될 것이다.

깨달음을 추구하는 수행자는 아비담마의 법을 이렇게 이해해야 할 것이다.

IV. 마라는 어디에서 일어나서 어디에서 자리 잡는가?

1. 60가지 갈애가 일어나는 곳(법)
2. 무명과 갈애, 마음챙김과 지혜
3. 「대념처경」

IV. 마라는 어디에서 일어나서 어디에서 자리 잡는가?

1. 60가지 갈애가 일어나는 곳(법)

7. "비구들이여, 그는 다시 더 안으로 명상한다. '그러면 갈애는 무엇이 그 근원이며, 무엇으로부터 일어나고, 무엇으로부터 생기며, 무엇으로부터 발생하는가? 무엇이 있을 때 갈애가 있고 무엇이 없을 때 갈애는 없는가?'라고.

그는 안으로 명상하면서 이와 같이 꿰뚫어 안다. '세상에서 즐겁고 기분 좋은 것이 있으면 여기서 이 갈애는 일어나서 여기서 자리 잡는다. 그러면 세상에서 어떤 것이 즐겁고 기분 좋은 것인가? 눈은 세상에서 즐겁고 기분 좋은 것이다. 여기서 이 갈애는 일어나서 거기서 자리 잡는다. 귀는 … 코는 … 혀는 …몸은 … 마노는 세상에서 즐겁고 기분 좋은 것이다. 여기서 이 갈애는 일어나서 여기서 자리 잡는다.'"

「명상 경」(S12:66 §7)

생사윤회의 근본 원인인 갈애는 대표적 오염원이고 이 오염원이 일어나는 곳이 마라가 나타나는 곳으로 이해된다.

갈애가 일어나서 자리 잡는 곳은 60가지로 경에 나타난다.

그 60가지는 이렇게 나타난다.

근(根)·경(境)·식(識)·촉(觸)·수(受)·상(想)·사(思)·애(愛)·심(尋)·사(伺) × 6 (눈·귀·코·혀·몸·마노, 형색·소리·냄새·맛·감촉·법)

이 60가지 법을 철저히 아는 것이 교학과 아비담마이고, 이 법에 마음을 챙김으로써 불교 수행은 시작되고, 마음챙김이 확립된 법에 지혜가 더해짐으로써 갈애는 일어나지 않게 되고 마라의 영역에서 벗어나는 조건을 얻게 된다.

◆ 근(根)

눈을 즐겁고 기분 좋은 것으로 여기면 그곳에서 갈애가 일어나서 자리 잡는다.
귀를, 코를, 혀를, 몸을, 마노를 즐겁고 기분 좋은 것으로 여기면 그곳에서 갈애가 일어나서 자리 잡는다.

눈을 즐겁고 기분 좋은 것으로 여기면 그곳에 마라가 나타난다.
귀를, 코를, 혀를, 몸을, 마노를 즐겁고 기분 좋은 것으로 여기면 그곳에 마라가 나타난다.

▶ 근은 감각기관이다.
감각기관은 여섯 가지로 나타나며 눈·귀·코·혀·몸·마노이다.
눈·귀·코·혀·몸·마노는 육근이라는 감각기관이고, 한자로는 안·이·비·설·신·의로 나타난다.
육근 중 오근은 물질이다. 오온으로 보면 색온에 속한다.

육근 중에 눈은 교학적으로는 이렇게 나타난다.
오온으로 본다면 색온이고, 12처로 본다면 눈의 감각장소이고, 18계로 본다면 눈의 요소이다.
육입처로 본다면 육내입처에 속한다.
그리고 12연기의 무명·행·식·명색·육입·촉·수·애·취·유에서 눈은 육입에 해당한다.

그리고 아비담마의 법수로 본다면 눈은 눈의 감성이라는 물질이다.
눈의 감성의 특징은 형색이 부딪혀 오는 것에 만반의 준비를 하고 있는 물질이고, 보고자 갈망하는 업에서 생긴 물질이다.

눈을 이렇게 해체해서 이해하게 되면 내 눈이 아니라, 물질이요, 감각장소요, 요소요, 조건발생인 것으로 드러난다.
이것이 눈을 해체해서 아는 것이고, 법으로 아는 것이고, 연기적 과정인 무아로 보는 것이다.

수행자는 눈을 감았다가 눈을 떴을 때 형색과 부딪히는 눈을 이렇게 이해해야 한다.
이렇게 이해하고 눈에 마음챙김을 확립하게 되면 눈은 단지 형색과 부딪히고 있는 물질일 뿐이고, 조건발생이고, 찰나적 존재라는 것이 분명해진다.

 이렇게 눈을 해체해서 법으로 보게 될 때, 무상이 드러나고 고가 드러나고 무아가 드러나게 된다.
 무상·고·무아인 것을 기분 좋은 것으로 여기지 않는다.
 그러므로 거기에서 갈애는 일어나지 않게 되고, 갈애가 자리 잡지 못하게 되는 그 자리에서 불교의 깨달음은 일어난다.

 이렇게 해체해서 무아로 보는 수행자에게는 마라는 내려앉을 곳을 찾지 못하고 대상을 얻지 못한다.

◆ 경(境)
 형색을 즐겁고 기분 좋은 것으로 여기면 그곳에서 갈애가 일어나서 자리 잡는다.
 소리를, 냄새를, 맛을, 감촉을, [마음의 대상인] 법을 즐겁고 기분 좋은 것으로 여기면 그곳에서 갈애가 일어나서 자리 잡는다.

 형색을 즐겁고 기분 좋은 것으로 여기면 그곳에 마라가 나타난다.
 소리를, 냄새를, 맛을, 감촉을, [마음의 대상인] 법을 즐겁고 기분 좋은 것으로 여기면 그곳에 마라가 나타난다.

▶ 경은 감각대상이다.

감각대상은 여섯 가지로 나타나며 형색·소리·냄새·맛·감촉·법이다.

육경은 한자로는 색·성·향·미·촉·법으로 나타난다.

육경 중에서 형색은 교학적으로는 이렇게 나타난다.

오온으로 본다면 형색은 색온이고, 12처로 본다면 형색의 감각장소이고, 18계로 본다면 형색의 요소이다.

육입처로 본다면 육외입처에 속한다.

아비담마적으로는 형색은 대상의 물질에 속하며 눈에 부딪히는 특징을 가진다.

아비담마에서 분류하는 대상의 물질은 색·성·향·미·지·화·풍 7가지로 나타난다.

대상의 물질은 대상이라는 조건의 힘을 가지고 있으며, 마음과 마음부수를 일으키게 한다.

내가 마음을 일으키는 것이 아니고 대상을 조건으로 마음이 일어난다.

수행자는 눈을 감았다가 눈을 떴을 때 눈과 부딪히는 형색을 이렇게 이해해야 한다.

내가 보는 것이 아니라 형색이 눈에 부딪혀 오는 것일 뿐이다.

이렇게 이해하고 형색에 마음챙김을 확립하는 수행자에게는 갈애는 일어나지 않고, 마라는 내려앉을 곳, 대상을 찾지 못하게 된다.

◆ **식**(識)

눈의 알음알이를 즐겁고 기분 좋은 것으로 여기면 그곳에서 갈애가 일어나서 자리 잡는다.

귀의 알음알이를, 코의 알음알이를, 혀의 알음알이를, 몸의 알음알이를, 마노의 알음알이를 즐겁고 기분 좋은 것으로 여기면 그곳에서 갈애가 일어나서 자리 잡는다.

눈의 알음알이를 즐겁고 기분 좋은 것으로 여기면 그곳에 마라가 나타난다.

귀의 알음알이를, 코의 알음알이를, 혀의 알음알이를, 몸의 알음알이를, 마노의 알음알이를 즐겁고 기분 좋은 것으로 여기면 그곳에 마라가 나타난다.

▶ 식은 마음이다.

마음의 고유성질은 대상을 아는 것이다.

이 대상을 아는 마음을 아비담마에서는 89가지 마음으로 분류하고, 기능적인 측면으로 분류하여 안식·이식·비식·설식·신식·의·의식 7가지로 분류하기도 한다.

식은 오온으로 보면 식온에 속하고, 12처에서는 마노의 감각 장소로, 18계에서는 7가지 요소로 나타난다.

마음은 조건발생이다. 근과 경이 있을 때 마음은 일어난다.

즉 눈과 형색이 있을 때 안식이라는 마음이 일어난다는 것이다.

눈을 감았다가 눈을 떴을 때 보는 마음이 일어난다면 그것을 안식으로 이해할 수 있을 것이다.

이 안식은 눈을 감았을 때는 일어나지 않는다. 대상이라는 조건이 있을 때 눈의 알음알이가 일어나는 것이다.

여기서 강조되는 것은 마음은 내가 일으키는 것이 아니라, 조건발생으로 일어남을 이해해야 한다는 것이다.

내 마음도 아니고 영원한 마음도 아니다. 한 찰나 대상이라는 조건으로 일어나는 것, 즉 조건 지어진 유위법일 뿐이라고 알아야 한다.

눈을 감았다가 눈을 떴을 때 눈과 부딪히는 형색과 눈의 알음알이를 이렇게 이해함으로써, 이제 갈애와 사견에 의지하지 않고 머물게 되고 마라의 영역에서 벗어나는 조건을 수행자는 얻게 된다.

◆ 촉(觸)
눈의 감각접촉을 즐겁고 기분 좋은 것으로 여기면 그곳에서 갈애가 일어나서 자리 잡는다.

귀의 감각접촉을, 코의 감각접촉을, 혀의 감각접촉을, 몸의 감각접촉을, 마노의 감각접촉을 즐겁고 기분 좋은 것으로 여기면 그곳에서 갈애가 일어나서 자리 잡는다.

눈의 감각접촉을 즐겁고 기분 좋은 것으로 여기면 그곳에 마라가 나타난다.
귀의 감각접촉을, 코의 감각접촉을, 혀의 감각접촉을, 몸의 감각접촉을, 마노의 감각접촉을 즐겁고 기분 좋은 것으로 여기면 그곳에 마라가 나타난다.

▶ 근과 경과 식이 만나면 촉(觸, 감각접촉, phassa)이 일어난다.
눈을 감았다가 뜨면 그때 눈과 형색, 눈의 알음알이는 동시 발생으로 나타난다.
이 동시 발생의 순간에 대상에 닿는 특징, 부딪치는 역할을 하는 것이 촉이다.

한자로는 삼사화합생촉(三事和合生觸), 혹은 삼사화합촉(三事和合觸) 등으로 나타난다.
마음이 일어날 때 반드시 감각접촉이 일어나며, 이 감각접촉의 기능이 없다면 마음은 결코 대상과 맞닥뜨릴 수 없다.

촉은 오온에서 행온에 속한다.
촉은 정신의 영역이며, 아비담마에서는 반드시 일어나는 심소법으로 분류한다.
대상을 만지는 감각접촉으로서의 촉과 육경에서 나타나는 촉은 구분되어야 한다.

그리고 감각접촉으로서의 촉은 12연기의 무명 · 행 · 식 · 명색 · 육입 · 촉 · 수 · 애 · 취 · 유에서 촉에 해당한다.

촉을 시작으로 인식과정이 일어난다.

눈이 있고 양귀비가 있고 양귀비를 아는 마음이 일어나는 순간 촉은 일어나며 그때부터 느낌과 갈애가 일어나는 조건이 된다. 즉 12연기의 촉-수-애로 이어지게 된다.

수행자는 눈을 감았다가 뜨는 순간 촉이 일어나고 있음을 이해하는 것만으로도 사견이라는 불선법에서 벗어날 수 있게 된다.

◆ 수(受)

눈의 감각접촉에서 생긴 느낌을 즐겁고 기분 좋은 것으로 여기면 그곳에서 갈애가 일어나서 자리 잡는다.

귀의 감각접촉에서 생긴 느낌을, 코의 감각접촉에서 생긴 느낌을, 혀의 감각접촉에서 생긴 느낌을, 몸의 감각접촉에서 생긴 느낌을, 마노의 감각접촉에서 생긴 느낌을 즐겁고 기분 좋은 것으로 여기면 그곳에서 갈애가 일어나서 자리 잡는다.

눈의 감각접촉에서 생긴 느낌을 즐겁고 기분 좋은 것으로 여기면 그곳에 마라가 나타난다.

귀의 감각접촉에서 생긴 느낌을, 코의 감각접촉에서 생긴 느낌을, 혀의 감각접촉에서 생긴 느낌을, 몸의 감각접촉에서 생긴 느낌을, 마노의 감각접촉에서 생긴 느낌을 즐겁고 기분 좋은 것으로 여기면 그곳에 마라가 나타난다.

▶ 눈과 형색과 눈의 알음알이가 일어날 때 느낌은 마음과 함께 반드시 일어난다.
눈과 양귀비와 양귀비를 아는 마음이 일어나는 순간에 양귀비에 대한 느낌은 일어나게 된다.

느낌의 고유성질은 대상을 경험해서 안다는 것으로 나타나며 육체적으로나 정신적으로나 가장 생생하게 경험되는 법이다.
아비담마에서는 느낌을 즐거움, 고통, 기쁨, 불만족, 평온 5가지로 분류한다.

부드러운 천을 만지면 즐거운 느낌이 일어난다.
가시에 찔리면 고통이 일어난다.
즐거운 느낌과 고통은 육체적인 것이다.

좋아하는 장미꽃이나 원하는 이성을 보면 기쁨이 일어난다.
똥이나 원하지 않는 대상을 보면 불만족이 일어난다.
기쁨과 불만족은 정신적인 것이다.

그리고 중립적인 느낌인 평온이 있다.

느낌은 오온에서 수온에 속한다.

느낌은 정신의 영역이며, 아비담마에서는 반드시 일어나는 심소법으로 분류한다.

그리고 12연기의 무명-행-식-명색-육입-촉-수-애-취-유에서 수에 해당한다.

느낌을 조건으로 갈애가 일어난다.

양귀비를 보고 기쁨이 올라온다면 그것은 느낌이다.

그리고 좋아하는 마음이 일어났다면 그것은 기쁨이 함께하고 사견과 결합된 탐욕에 뿌리박은 마음이 일어난 것이다.

이 마음은 해로운 업을 짓는 마음이며 이 마음을 조건으로 존재는 생사윤회를 이어간다.

느낌을 느낌이라는 법이라고 보고, 느낌도 대상에 조건 지어진 것이라 보고, 느낌도 사라진다고 보면 탐욕의 마음, 즉 갈애는 일어나지 않는다.

느낌은 두드러지게 드러나는 법이며, 12연기의 사슬에서 가장 약한 연결고리라고 할 수 있다. 그러므로 수행자는 느낌을 철저하게 이해하고 꿰뚫어야 한다.

느낌을 내 느낌이라고 움켜쥐는 순간 갈애와 사견은 일어나며 고통은 시작된다.

이것은 두 번째 화살에 맞은 것으로 비유되며, 내 것이라고 움켜잡는 순간 수행자는 마라가 되고, 마라의 미끼를 물어버린 것이 된다.

◆ 상(想)

형색에 대한 인식을 즐겁고 기분 좋은 것으로 여기면 그곳에서 갈애가 일어나서 자리 잡는다.

소리에 대한 인식을, 냄새에 대한 인식을, 맛에 대한 인식을, 감촉에 대한 인식을, [마음의 대상인] 법에 대한 인식을 즐겁고 기분 좋은 것으로 여기면 그곳에서 갈애가 일어나서 자리 잡는다.

형색에 대한 인식을 즐겁고 기분 좋은 것으로 여기면 그곳에 마라가 나타난다.

소리에 대한 인식을, 냄새에 대한 인식을, 맛에 대한 인식을, 감촉에 대한 인식을, [마음의 대상인] 법에 대한 인식을 즐겁고 기분 좋은 것으로 여기면 그곳에 마라가 나타난다.

▶ 상은 인식을 뜻한다.

인식은 대상을 받아들여 이것이 바로 그것이구나 하는 원인이 될 표상을 만드는 역할과 개념작용과 이름을 붙이는 작용을 하는 것으로 나타난다.

키위를 처음 본 사람은 그것이 무엇인지 모른다.
그러나 그것의 형태나 색깔 등은 기억된다. 이러한 것들이 표상을 만드는 것이다. 그리고 그 표상에 키위라는 이름을 붙이면 그것은 개념작용과 이름을 붙이는 작용이 된다.

오래된 친구를 오랜만에 만나면 금방 기억이 떠오르지 않는 것은 과거의 표상과 현재의 표상과의 괴리감 때문일 것이다.

인식의 고유성질은 이렇게 나타난다고 할 수 있다.

인식은 오온에서 상온으로 나타난다.

아비담마에서는 인식은 마음이 일어날 때 반드시 일어나는 심소법으로 나타나며, 존재들에게 일어나는 대부분의 마음은 대상에 대한 인식과정의 연속이고 여기서 두드러지게 드러나는 법은 인식으로 이해할 수 있을 것이다.

대상과 조우할 때 그것을 인식과정에서 인식의 법으로 이해하지 못하고 '내가 생각한다.'라고 착각하면 갈애가 일어난다.

그러나 인식과정에서 인식이라는 법이 두드러진다고 이해하게 되면, 인식이라는 법이 드러나고, 인식의 무상함이 드러나게 된다.

이렇게 해체해서 보게 되면 갈애는 일어나지 않게 되고 갈애가 일어나지 않는 자리에는 마라가 대상을 얻지 못하게 된다.

존재들에게는 매 찰나 대상을 통해 느낌과 인식이 일어나며, 이러한 느낌과 인식은 오온의 수와 상이다.

양귀비를 만나서 양귀비에 대해서 좋다고 생각한다면 수(느낌)

가 일어난 것이고, 양귀비라고 알면 상(인식)이 일어난 것이다.

 이러한 느낌과 인식이 일어날 때, 즉 오온이 일어날 때 그것을 내 것이라고 움켜잡으면 갈애가 일어나게 되고, 해체해서 느낌을 느낌의 법으로, 인식을 인식의 법으로 보면 갈애는 일어나지 않는다.

 수행에 있어서 오온은 반드시 해체되어야 하고, 해체해서 가장 두드러지게 나타나는 법인 수와 상에 대한 철저한 이해와 체득이 있을 때 마라는 그 위력을 잃어버리게 된다.

◆ 사(思)
 형색에 대한 의도를 즐겁고 기분 좋은 것으로 여기면 그곳에서 갈애가 일어나서 자리 잡는다.
 소리에 대한 의도를, 냄새에 대한 의도를, 맛에 대한 의도를, 감촉에 대한 의도를, [마음의 대상인] 법에 대한 의도를 즐겁고 기분 좋은 것으로 여기면 그곳에서 갈애가 일어나서 자리 잡는다.

 형색에 대한 의도를 즐겁고 기분 좋은 것으로 여기면 그곳에 마라가 나타난다.
 소리에 대한 의도를, 냄새에 대한 의도를, 맛에 대한 의도를, 감촉에 대한 의도를, [마음의 대상인] 법에 대한 의도를 즐겁고 기분 좋은 것으로 여기면 그곳에 마라가 나타난다.

▶ 의도는 가장 중요한 심리현상 중의 하나이다.

의도는 정신·물질 현상의 리더 및 조정자 역할을 한다고 할 수 있다.

일어나리라고 의도하는 순간 몸이라는 물질이 움직이게 된다. 이때 의도는 물질을 일어나게 하는 주도적인 역할을 한다.

그리고 대부분의 경우, 정신적인 현상이 일어날 때 의도가 업이 된다.

의도가 업이 되는 경우는 탐욕이나 성냄, 마음챙김, 탐욕 없음 등의 유익하거나 해로운 심리현상들과 함께 일어날 때 업이 된다.

의도는 오온에서 행온으로 나타난다.

이 행온은 아비담마적으로 보면 50가지 심소법이며 이 50가지 심소법 안에 의도가 포함된다.

의도는 두드러지게 드러나는 법이다. 특히 행주좌와가 일어날 때 의도는 두드러지게 드러나며 그때 일어나는 의도를 통해 내가 움직이는 것이 아니라 의도를 조건으로 물질이 일어나는 것으로 이해해야 한다.

이렇게 이해하고 체득하게 되면 조건발생인 무아의 과정이 극명하게 드러난다.

수행자가 의도라는 법을 통해 정신·물질의 조건발생을 보게 될 때 사견에 의지하지 않고 머무는 수행자가 된다.

◆ 애(愛)

형색에 대한 갈애를 즐겁고 기분 좋은 것으로 여기면 그곳에서 갈애가 일어나서 자리 잡는다.

소리에 대한 갈애를, 냄새에 대한 갈애를, 맛에 대한 갈애를, 감촉에 대한 갈애를, [마음의 대상인] 법에 대한 갈애를 즐겁고 기분 좋은 것으로 여기면 그곳에서 갈애가 일어나서 자리 잡는다.

형색에 대한 갈애를 즐겁고 기분 좋은 것으로 여기면 그곳에 마라가 나타난다.

소리에 대한 갈애를, 냄새에 대한 갈애를, 맛에 대한 갈애를, 감촉에 대한 갈애를, [마음의 대상인] 법에 대한 갈애를 즐겁고 기분 좋은 것으로 여기면 그곳에 마라가 나타난다.

▶ 양귀비를 보고서 즐거운 느낌으로 탐욕을 일으켰다면 그것은 형색의 느낌에 대한 갈애이다.

형색에 대한 갈애와 형색에 대한 느낌을 조건으로 일어나는 갈애는 수행자가 대상을 선택할 때 구분된다.

갈애는 오온의 행온에 포함된다.

양귀비라는 대상과 조우할 때 수많은 법들이 일어난다.
눈과 형색은 물질이고, 이 둘을 조건으로 마음과 마음부수들이라는 정신이 일어난다.

 이 마음과 마음부수들이 인식과정을 거치면서 물거품과도 같은 개념들을 만든다. 이 개념을 갈애·자만·사견으로 움켜쥐면 생사윤회에서 벗어나지 못하게 되고, 해체해서 법으로 보고 거기에 마음챙김을 확립하면 생사윤회에서 벗어나는 조건을 만들게 된다.

◆ 심(尋)

 형색에 대한 일으킨 생각을 즐겁고 기분 좋은 것으로 여기면 그곳에서 갈애가 일어나서 자리 잡는다.

 소리에 대한 일으킨 생각을, 냄새에 대한 일으킨 생각을, 맛에 대한 일으킨 생각을, 감촉에 대한 일으킨 생각을, [마음의 대상인] 법에 대한 일으킨 생각을 즐겁고 기분 좋은 것으로 여기면 그곳에서 갈애가 일어나서 자리 잡는다.

 형색에 대한 일으킨 생각을 즐겁고 기분 좋은 것으로 여기면 그곳에 마라가 나타난다.

 소리에 대한 일으킨 생각을, 냄새에 대한 일으킨 생각을, 맛에 대한 일으킨 생각을, 감촉에 대한 일으킨 생각을, [마음의 대상인] 법에 대한 일으킨 생각을 즐겁고 기분 좋은 것으로 여기면 그곳에 마라가 나타난다.

◆ 사(伺)

 형색에 대한 지속적 고찰을 즐겁고 기분 좋은 것으로 여기면 그곳에서 갈애가 일어나서 자리 잡는다.

  소리에 대한 지속적 고찰을, 냄새에 대한 지속적 고찰을, 맛에 대한 지속적 고찰을, 감촉에 대한 지속적 고찰을, [마음의 대상인] 법에 대한 지속적 고찰을 즐겁고 기분 좋은 것으로 여기면 그곳에서 갈애가 일어나서 자리 잡는다.

  형색에 대한 지속적 고찰을 즐겁고 기분 좋은 것으로 여기면 그곳에 마라가 나타난다.
  소리에 대한 지속적 고찰을, 냄새에 대한 지속적 고찰을, 맛에 대한 지속적 고찰을, 감촉에 대한 지속적 고찰을, [마음의 대상인] 법에 대한 지속적 고찰을 즐겁고 기분 좋은 것으로 여기면 그곳에 마라가 나타난다.

  ▶ 심(尋)은 일으킨 생각이고, 사(伺)는 지속적 고찰이다.
  생각을 일으키고 지속적으로 사유하는 것으로 이해할 수 있다.
  일으킨 생각과 지속적 고찰은 아비담마에서는 때때로 일어나는 심리현상들로 나타난다.
  89가지 대부분의 마음에서는 함께 일어나지만, 전오식에서는 일어나지 않는다. 오종선의 경우 제2선에서는 지속적 고찰은 일으킨 생각과 분리되어서 나타난다.
  일으킨 생각이 삼매의 대상으로 향하고 유익한 심소법과 함께 하게 되면 본삼매의 구성요소가 된다.

  일으킨 생각과 지속적 고찰은 사량분별의 측면에서 이해하는 것이 중요하다.

사량분별(papañca)은 퍼져나가고 증폭한다는 의미가 있고 여러 가지 생각이 증폭하고 전이되어 가는 것으로 이해되는 불교 술어이다.

즉 생각이 퍼져나가고 망상이 일어난 것이 사량분별인 것이다.

실참수행의 입장에서 보면 양귀비를 보고 이런저런 생각을 한다면 그것을 사량분별인 망상이 일어난 것이고, 여기에 관련된 심소법 중에 두드러진 것은 갈애·사견·자만·일으킨 생각·지속적 고찰 등으로 이해할 수 있을 것이다.

수행자가 양귀비를 보고 '형색 | 아는 마음' 혹은 '느낌 | 아는 마음'을 놓쳐서 양귀비에 대해서 이런저런 불선법이 일어났더라도, 일으킨 생각과 지속적 고찰이라는 법이 일어나서 생각이 확장되고 있음을 자각한다면 사량분별 혹은 망상은 멈추게 되고 마라는 내려올 곳을 얻지 못하게 된다.

양귀비를 보게 될 때 그 찰나에 많은 법이 일어난다.

양귀비를 보는 눈(근)이 있고, 양귀비라는 형색(경)이 있고, 양귀비를 눈에서 아는 마음(식)이 있고, 감각접촉이라는 촉(촉)이 있고, 양귀비에 대한 느낌(수)이 있고, 양귀비에 대한 인식(상)이 있고, 양귀비에 대한 의도(사)가 있고, 양귀비에 대한 갈애(애)가 있고, 양귀비에 대한 생각(심·사)이 있다.

IV. 마라는 어디에서 일어나서 어디에서 자리 잡는가?

근(根)·경(境)·식(識)·촉(觸)·수(受)·상(想)·사(思)·애(愛)·심(尋)·사(伺) × 6 (눈·귀·코·혀·몸·마노, 형색·소리·냄새·맛·감촉·법)

이렇게 양귀비라는 대상과 조우할 때 갈애가 일어나는 자리, 마라가 나타나는 자리는 60가지로 이해된다.

수행자는 양귀비와 조우하는 찰나, 해체를 통해서 갈애가 일어나는 곳에 마음챙김과 알아차림을 확립하게 되면 갈애와 사견에 의지하지 않고 머물게 되고, 그곳에서 갈애가 소멸됨으로써 열반을 실현하게 된다.

이렇게 갈애가 일어나는 곳이 마라가 나타나는 장소로 이해할 수 있을 것이다.

2. 무명과 갈애, 마음챙김과 지혜

시작을 알 수 없는 윤회의 과정에서 무명과 갈애는 윤회의 근본 원인으로 나타난다.

무명과 갈애가 일어난다고 함은 번뇌가 일어나고 있는 것이고, 이러한 번뇌는 궁극적으로는 오취온의 생멸이고, 표면적으로는 오염원들의 일어남으로 볼 수 있을 것이다.

무명과 갈애 그리고 오염원들의 제거는 불교 수행의 궁극적 지향점이다.

이러한 무명과 갈애는 어떻게 제거되게 되는가?

그것에 대한 구체적 방법은 바로 사념처를 닦아 나가는 것이다.

사념처는 신·수·심·법이라는 21가지의 대상에 마음챙김을 확립하고 그 대상들에 대해서 무상·고·무아·부정이라고 관찰해 나가는 수행법이다.

사념처는 비구들의 행동 영역이며, 사념처를 확립한 비구는 갈애와 사견에서 벗어나 마음챙김과 지혜를 확립한 상태이고, 마라의 영역에서 벗어난 수행자로 나타난다.

결국 불교 수행은 갈애와 사견에 의지하지 않고 그 자리에서 마음챙김과 지혜를 확립함으로써 시작되고 거기서 끝이 나게 된다.

이러한 것을 강조하기 위해서 마라라는 존재를 통해 사념처를 확립함이 강조되고 있는 것이다.

무명과 갈애는 번뇌이고, 마음챙김과 지혜는 깨달음으로 이끄는 조건이다.

번뇌가 깨달음이란 말이 있다.

무명과 갈애를 번뇌로 보고, 번뇌를 마라로 본다면 마라는 깨달음으로 이끄는 강력한 조건이 될 수 있음을 수행자는 알아야 할 것이다.

3.「대념처경」

대념처경(大念處經) - 마음챙김의 확립
Mahāsatipaṭṭhāna Sutta(D22)

IV-5-3. 괴로움의 소멸의 성스러운 진리[滅聖諦]

20. "비구들이여, 그러면 무엇이 괴로움의 소멸의 성스러운 진리[苦滅聖諦]인가? 갈애가 남김없이 빛바래어 소멸함, 버림, 놓아버림, 벗어남, 집착 없음이다. 비구들이여, 이를 일러 괴로움의 소멸의 성스러운 진리라 한다.

다시 비구들이여, 그런 이 갈애는 어디서 없어지고 어디서 소멸되는가? 세상에서 즐겁고 기분 좋은 것이 있으면 거기서 이 갈애는 없어지고 거기서 소멸된다.

그러면 세상에서 어떤 것이 즐겁고 기분 좋은 것인가?
눈은 세상에서 즐겁고 기분 좋은 것이다. 귀는 … 코는 … 혀는 … 몸은 … 마노는 세상에서 즐겁고 기분 좋은 것이다. 여기서 이 갈애는 없어지고 여기서 소멸된다.

형색은 … 소리는 … 냄새는 … 맛은 … 감촉은 … [마노의 대상인] 법(法)은 세상에서 즐겁고 기분 좋은 것이다. 여기서 이 갈애는 없어지고 여기서 소멸된다.

눈의 알음알이는 … 귀의 알음알이는 … 코의 알음알이는 … 혀의 알음알이는 … 몸의 알음알이는 … 마노의 알음알이는 세상에서 즐겁고 기분 좋은 것이다. 여기서 이 갈애는 없어지고 여기서 소멸된다.

눈의 감각접촉은 … 귀의 감각접촉은 … 코의 감각접촉은 … 혀의 감각접촉은 … 몸의 감각접촉은 … 마노의 감각접촉은 세상에서 즐겁고 기분 좋은 것이다. 여기서 이 갈애는 없어지고 여기서 소멸된다.

눈의 감각접촉에서 생긴 느낌은 … 귀의 감각접촉에서 생긴 느낌은 … 코의 감각접촉에서 생긴 느낌은 … 혀의 감각접촉에서 생긴 느낌은 … 몸의 감각접촉에서 생긴 느낌은 … 마노의 감각접촉에서 생긴 느낌은 세상에서 즐겁고 기분 좋은 것이다. 여기서 이 갈애는 없어지고 여기서 소멸된다.

형색에 대한 인식은 … 소리에 대한 인식은 … 냄새에 대한 인식은 … 맛에 대한 인식은 … 감촉에 대한 인식은 … 법에 대한 인식은 세상에서 즐겁고 기분 좋은 것이다. 여기서 이 갈애는 없어지고 여기서 소멸된다.

형색에 대한 의도는 … 소리에 대한 의도는 … 냄새에 대한 의도는 … 맛에 대한 의도는 … 감촉에 대한 의도는 … 법에 대한 의도는 세상에서 즐겁고 기분 좋은 것이다. 여기서 이 갈애는 없어지고 여기서 소멸된다.

형색에 대한 갈애는 … 소리에 대한 갈애는 … 냄새에 대한 갈애는 … 맛에 대한 갈애는 … 감촉에 대한 갈애는 … 법에 대한 갈애는 세상에서 즐겁고 기분 좋은 것이다. 여기서 이 갈애는 없어지고 여기서 소멸된다.

형색에 대한 일으킨 생각은 … 소리에 대한 일으킨 생각은 … 냄새에 대한 일으킨 생각은 … 맛에 대한 일으킨 생각은 … 감촉에 대한 일으킨 생각은 … 법에 대한 일으킨 생각은 세상에서 즐겁고 기분 좋은 것이다. 여기서 이 갈애는 없어지고 여기서 소멸된다.

형색에 대한 지속적인 고찰은 … 소리에 대한 지속적인 고찰은 … 냄새에 대한 지속적인 고찰은 … 맛에 대한 지속적인 고찰은 … 감촉에 대한 지속적인 고찰은 … 법에 대한 지속적인 고찰은 세상에서 즐겁고 기분 좋은 것이다. 여기서 이 갈애는 없어지고 여기서 소멸된다. 비구들이여, 이를 일러 괴로움의 소멸의 성스러운 진리라 한다."

마라가 끝났다.

위빳사나

위빳사나

V. 위빳사나

1. 위빳사나란 무엇인가?
2. 팔정도와 위빳사나
3. 위빳사나 16단계
4. 위빳사나 10단계와 11단계
5. 얕은 위빳사나, 강한 위빳사나
6. 칠청정과 위빳사나 16단계

VI. 위빳사나와 아비담마

1. 위빳사나의 대상 - 법
2. 물질
3. 마음
4. 마음부수(심소법)
5. 인식과정

VII. 위빳사나와 사념처

1. 마음챙김과 위빳사나
2. 감각기능의 단속과 마음챙김
3. 사념처
4. 사념처와 위빳사나

VIII. 위빳사나와 무상

1. 무상과 찰나
2. 마음챙김과 무상 - 보면 사라진다
3. 형색과 소리의 무상을 어떻게 관찰할 것인가?

IX. 위빳사나 수행의 단계 - 1

1. 계청정
2. 마음청정
3. 견청정과 유신견
4. 도의청정(의심을 극복함에 의한 청정)

X. 위빳사나 수행의 단계 - 2

(위빳사나 10단계 지혜)

1. 명상의 지혜
2. 생멸의 지혜[전반부]
3. 위빳사나를 시작한 자 | 위빳사나의 경계
4. 생멸의 지혜[후반부]
5. 들숨날숨
6. 무너짐을 관찰하는 지혜[멸괴지]
7. 공포의 지혜(염오)
8. 해탈하기를 원하는 지혜
9. 형성된 것들에 대한 평온의 지혜(공성의 체득)
10. 해탈의 관문과 천착과 출현
11. 깨달음의 단계

무아의 특징 경(S22:59)

V. 위빳사나

1. 위빳사나란 무엇인가?
2. 팔정도와 위빳사나
3. 위빳사나 16단계
4. 위빳사나 10단계와 11단계
5. 얕은 위빳사나, 강한 위빳사나
6. 칠청정과 위빳사나 16단계

V. 위빳사나

1. 위빳사나란 무엇인가?

위빳사나는 물·심의 현상, 즉 정신과 물질의 현상을 관찰하는 체계 혹은 수행 전체를 뜻한다.
그러므로 이러한 과정은 도닦음으로 이해된다.

그러나 위빳사나라는 의미를 더 구체적으로 이해하기 위해서는 실참수행의 측면과 단계적 과정을 이해할 필요가 있다. 그 과정에서 위빳사나가 무엇인지에 대해 좀 더 명확해질 것이다.

"'위빳사나(vipassana)'는 vi(분리해서) + √dṛś(to see)에서 파생된 여성명사로서 '분리해서 본다'는 문자적인 뜻 그대로 그냥 보는 것(sight)에 머무르지 않고 더 깊이 보는 것(in-sight)을 의미한다. 그래서 중국에서는 觀(관)으로 옮겼고 어원에 더 충실하여 內觀(내관)으로 옮기기도 하였으며 毘婆舍那 毘鉢舍那(비파사나, 비발사나) 등으로 음역되기도 하였다. 영어로는 insight로 정착되었다."[1]

우선 불교 깨달음인 도와 과는 위빳사나를 통해서 얻어진다.

---

1) 『아비담마 길라잡이』 제2권 272P

즉 생사윤회의 근본 원인인 번뇌는 위빳사나의 지혜로써만 끊어진다는 의미이다.

이러한 구체적 방법은 정신·물질의 현상을 관찰하고 그들의 삼특상인 무상·고·무아를 통찰해서 무상해탈·무원해탈·공해탈이라는 관문을 통과하게 되는 것으로 나타난다.

그러므로 실참수행의 측면에서 보면 위빳사나 수행은 무상·고·무아의 통찰로 압축된다.

위빳사나를 수행 체계라는 단계적 과정을 가지고 본다면 16단계, 11단계, 10단계로 볼 수 있고, 더 압축해서 보게 되면 얕은 위빳사나와 강한 위빳사나로 나눌 수 있다.

위빳사나 16단계는 도닦음의 수행 체계 전체를 뜻하고, 11/10단계는 무상·고·무아의 통찰이라는 실천적 수행의 단계를 뜻한다.

얕은 위빳사나는 준비 과정이고 강한 위빳사나는 열반을 실현하기 위한 본격적인 도닦음으로 볼 수도 있을 것이다.

정리하면 위빳사나는 물·심의 현상, 즉 정신과 물질의 현상을 관찰하는 체계 혹은 수행 전체를 뜻하고, 실참수행의 측면에서 본다면 무상·고·무아의 통찰이라고 이해된다.

수행자는 이러한 위빳사나의 의미와 단계를 분명히 이해하고 위빳사나라는 도닦음의 길에 들어서야 한다.

2. 팔정도와 위빳사나

팔정도는 사성제의 도성제에 속하며 열반을 실현하기 위한 도닦음으로 나타난다.

불교 수행자는 팔정도를 닦고 있는 자이고, 깨달음의 순간, 즉 도의 순간에 팔정도는 완성된다고 주석서는 적고 있다.

불교 수행은 팔정도를 닦아 가는 과정이고 이러한 과정은 계·정·혜 삼학과 칠청정, 위빳사나 16/11/10단계로 나타난다.

삼학에서 계학은 계를 공부 짓는 것이고, 정학은 삼매를 공부 짓는 것이고, 혜학은 통찰지 즉 지혜를 공부 짓는 것으로 나타난다.

◆ **팔정도와 계·정·혜**
- 계 정어: 거짓말, 중상모략, 욕설, 잡담을 하지 않는 것
- 계 정업: 살생을 금하는 것, 주지 않은 것을 가지지 않는 것, 삿된 음행을 금하는 것
- 계 정명: 바른 생계를 유지하는 것

| 정 | 정정진: 선법은 일어나고 유지되도록, 불선업은 일어나지 않고 유지되지 않게 노력하는 것
| 정 | 정념: 신·수·심·법에 대한 마음챙김을 확립하는 것
| 정 | 정정: 초선·제2선·제3선·제4선을 닦는 것

| 혜 | 정견: 사성제를 아는 것
| 혜 | 정사유: 출리(감각적 욕망에서 벗어남), 악의 없음에 대한 사유, 해코지 않음[不害]에 대한 사유

정어·정업·정명은 계를 닦는 것이고, 정정진·정념·정정은 삼매 즉 마음청정을 닦는 것이고, 정견·정사유는 지혜를 닦는 것으로 나타난다.

팔정도는 계·정·혜 삼학으로도 나타나기에 팔정도를 닦는 수행자는 계·정·혜 삼학을 닦고 있는 것이 된다.

◆ 칠청정과 계·정·혜

| 혜 | (7) 지견청정(도의 지혜, 과의 지혜, 반조의 지혜)
| 혜 | (6) 행도 지견청정
| 혜 | (5) 도비도 지견청정
| 혜 | (4) 도의청정
| 혜 | (3) 견청정

정 (2) 마음청정

계 (1) 계청정

깨달음의 일곱 단계로 나타나는 칠청정도 계·정·혜 삼학으로 나타난다.

견청정부터 지견청정까지는 혜학 즉 지혜를 닦는 것이 되고, 마음청정은 정학, 계청정은 계학으로 나타난다.

칠청정의 과정을 닦아 가는 수행자 역시 삼학을 닦는 것이 된다.

◆ 위빳사나 16단계와 계·정·혜

혜 (16) 지견청정(도의 지혜, 과의 지혜, 반조의 지혜)
혜 (15) 종성의 지혜
혜 (14) 수순하는 지혜
혜 (13) 형성된 것들에 대한 평온의 지혜
혜 (12) 깊이 숙고하는 지혜 [깊이 숙고하여 관찰하는 지혜]
혜 (11) 해탈하기를 원하는 지혜
혜 (10) 염오의 지혜 [염오를 관찰하는 지혜]
혜 (9) 위험의 지혜 [위험을 관찰하는 지혜]
혜 (8) 공포의 지혜 [공포로 나타나는 지혜]
혜 (7) 무너짐의 지혜 [무너짐을 관찰하는 지혜, 멸괴지]
혜 (6) 생멸의 지혜 [전반부/후반부]
혜 (5) 명상의 지혜

| 혜 | (4) 도의청정
| 혜 | (3) 견청정

| 정 | (2) 마음청정

| 계 | (1) 계청정

위빳사나 16단계는 불교 수행의 전체 과정으로 드러난다.
이러한 과정에서도 수행자는 계·정·혜 삼학을 닦는 것이고, 같은 이유로 팔정도를 닦아 가고 있는 것이 된다.

◆ **위빳사나의 10단계 11단계와 계·정·혜**

| 혜 | ⑪   종성의 지혜
| 혜 | ⑩ ❿ 수순하는 지혜
| 혜 | ⑨ ❾ 형성된 것들에 대한 평온의 지혜
| 혜 | ⑧ ❽ 깊이 숙고하는 지혜 [깊이 숙고하여 관찰하는 지혜]
| 혜 | ⑦ ❼ 해탈하기를 원하는 지혜
| 혜 | ⑥ ❻ 염오의 지혜 [염오를 관찰하는 지혜]
| 혜 | ⑤ ❺ 위험의 지혜 [위험을 관찰하는 지혜]
| 혜 | ④ ❹ 공포의 지혜 [공포로 나타나는 지혜]
| 혜 | ③ ❸ 무너짐의 지혜 [무너짐을 관찰하는 지혜, 멸괴지]
| 혜 | ② ❷ 생멸의 지혜 [전반부/후반부]
| 혜 | ① ❶ 명상의 지혜

위빳사나 10/11단계는 지혜를 닦는 수행, 즉 통찰지를 닦는 것으로 나타난다.

이때의 지혜는 유익한 마음과 연결된 위빳사나의 지혜이고, 이 지혜가 무르익음으로써 도와 과는 일어나게 된다.

불교 수행자는 팔정도를 닦는 자이고, 팔정도는 계·정·혜 삼학으로 나타난다. 계·정·혜 삼학 역시 위빳사나 16단계로 나타나기에 위빳사나 수행자의 도닦음은 팔정도를 닦고 있는 것이 된다.

이러한 측면에서 도닦음은 '삼학이 도다. 팔정도가 도다. 위빳사나가 도다. 위빳사나와 사마타가 도다. 37보리분법이 도다.'라고 다섯 가지로 이해할 수 있을 것이다.

알아야 하는 것은 계·정·혜 삼학은 맞물려 향상한다는 점이다.

계행을 바르게 함으로써 정학인 삼매는 깊어진다. 그 삼매를 통해 다시 지혜는 향상된다.

교학적 지혜는 계행을 더욱더 바르게 하고 그 계행은 삼매를 닦아 나가는 조건이 된다. 삼매는 통찰지가 일어나는 원인이 되며, 지혜가 깊어지면 계행 역시 더욱더 바르게 된다.

위빳사나 수행자는 위빳사나 수행의 단계를 거쳐나가지만,

그것은 계·정·혜 삼학이 맞물리면서 향상되는 것으로 이해해야 한다.

그러한 관점에서 수행자는 삼학을 닦아 나가는 것이고, 팔정도를 닦아 나가는 것으로 알아야 한다.

3. 위빳사나 16단계

불교 수행의 궁극적 목표인 도와 과를 얻기 위한 구체적 과정과 단계는 위빳사나 10/11/16단계로 나타난다.

여기서 가장 중요하게 생각해야 할 부분은 이러한 수행은 단계를 거친다는 점이다.

태권도에도 흰 띠, 검은 띠가 있듯이 불교 수행, 특히 위빳사나의 수행에 있어서도 분명한 단계를 거치게 된다.

즉 깨달음은 문득 일어나는 것이 아니라 순차적인 단계와 구체적 방법을 통해서 일어난다는 것이다.

이러한 과정의 구체적 방법과 단계는 청정도론에서 심도 있게 논의되고 있고, 이 책은 그 청정도론을 의지해서 쓴 글임을 다시 한번 밝힌다.

우선 위빳사나를 수행의 단계를 통해 이해함으로써 수행자

는 어디에서 어떠한 위치에서 무엇을 하고 있는지를 파악해야
한다.

위빳사나 10단계/11단계/16단계는 이렇게 나타난다.

(16) 　　　지견청정(도의 지혜, 과의 지혜, 반조의 지혜)
(15) ⑪ 　　종성의 지혜
(14) ⑩ ❿ 수순하는 지혜
(13) ⑨ ❾ 형성된 것들에 대한 평온의 지혜
(12) ⑧ ❽ 깊이 숙고하는 지혜 [깊이 숙고하여 관찰하는 지혜]
(11) ⑦ ❼ 해탈하기를 원하는 지혜
(10) ⑥ ❻ 염오의 지혜 [염오를 관찰하는 지혜]
(9) ⑤ ❺ 위험의 지혜 [위험을 관찰하는 지혜]
(8) ④ ❹ 공포의 지혜 [공포로 나타나는 지혜]
(7) ③ ❸ 무너짐의 지혜 [무너짐을 관찰하는 지혜, 멸괴지]
(6) ② ❷ 생멸의 지혜
(5) ① ❶ 명상의 지혜
(4) 　　　도의청정
(3) 　　　견청정
(2) 　　　마음청정
(1) 　　　계청정

◆ **위빳사나 16단계**

(16) 지견청정(도의 지혜, 과의 지혜, 반조의 지혜)
(15) 종성의 지혜

(14) 수순하는 지혜

(13) 형성된 것들에 대한 평온의 지혜

(12) 깊이 숙고하는 지혜 [깊이 숙고하여 관찰하는 지혜]

(11) 해탈하기를 원하는 지혜

(10) 염오의 지혜 [염오를 관찰하는 지혜]

(9) 위험의 지혜 [위험을 관찰하는 지혜]

(8) 공포의 지혜 [공포로 나타나는 지혜]

(7) 무너짐의 지혜 [무너짐을 관찰하는 지혜, 멸괴지]

(6) 생멸의 지혜

(5) 명상의 지혜

(4) 도의청정

(3) 견청정

(2) 마음청정

(1) 계청정

위빳사나 16단계는 불교 교학과 수행의 전체가 드러나는 구조이다.

(1) 계청정을 기반으로 해서 (16) 지견청정이라는 도와 과를 얻는 과정 전체가 16단계로 나타나기에 이러한 구조로 본다면 위빳사나는 수행 체계 혹은 도닦음으로 이해된다.

여기서 알아야 하는 것은 16단계의 수행을 닦아 가는 데 있어서 교학과 아비담마라는 관문을 통과해야 한다는 점이다.

16단계의 세 번째 지혜인 (3) 견청정은 정신·물질을 구분하고 그 법들에 대한 특징, 역할 등을 파악하는 것으로 나타난다.

이러한 과정은 법으로의 해체이며, 법에 대한 이론적 토대는 아비담마를 통해서 얻어진다.

아비담마를 통해 법의 특징·역할 등을 파악하게 되면 견해는 청정해지게 되며, 그것을 조건으로 다음 단계의 지혜를 닦아 나가게 된다.

이렇듯 교학과 아비담마는 위빳사나 수행에서 반드시 통과해야 하는 관문이자 토대가 됨을 알아야 한다.

이것을 통찰지의 나무에 비유하면 이렇게 나타난다.

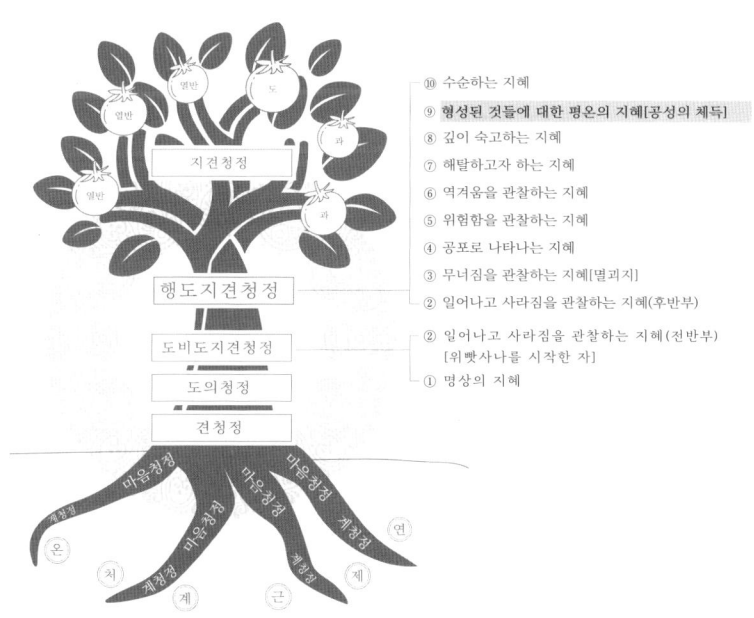

계청정과 마음청정은 나무의 뿌리이다. 그리고 그 뿌리를 지탱하고 영양분을 공급하는 토양은 온·처·계·근·제·연이라는 교학이다.

견청정부터 수순하는 지혜까지는 나무의 몸통이다. 이 몸통은 아비담마의 이론적 토대를 위빳사나라는 실참수행에 적용시키는 과정이라 할 수 있다.

이러한 과정을 거친 후 깨달음의 나무에는 도와 과라는 과실이 열리게 된다.

4. 위빳사나 10단계와 11단계

10단계와 11단계의 차이는 종성의 지혜가 하나 더 포함되어 있다는 것이 그 차이점이다.

10단계와 11단계는 이렇게 나타난다.
⑪ 　　종성의 지혜
⑩ ❿ 수순하는 지혜
⑨ ❾ 형성된 것들에 대한 평온의 지혜
⑧ ❽ 깊이 숙고하는 지혜 [깊이 숙고하여 관찰하는 지혜]
⑦ ❼ 해탈하기를 원하는 지혜
⑥ ❻ 염오의 지혜 [염오를 관찰하는 지혜]

⑤ ❺ 위험의 지혜 [위험을 관찰하는 지혜]

④ ❹ 공포의 지혜 [공포로 나타나는 지혜]

③ ❸ 무너짐의 지혜 [무너짐을 관찰하는 지혜, 멸괴지]

② ❷ 생멸의 지혜 [전반부/후반부]

① ❶ 명상의 지혜

위빳사나 10단계는 위빳사나 수행의 요체인 무상·고·무아의 통찰에 대한 과정으로 나타난다.

무상하다고 생각하는 ❶ 명상의 지혜에서, 무상의 통찰이 깊어져서 무아가 체득된 경지인 ❾ 형성된 것들에 대한 평온의 지혜에 이르기까지가 위빳사나의 수행으로 나타나고, 10단계의 마지막 단계인 ❿ 수순하는 지혜로 나타난다.

5. 얕은 위빳사나와 강한 위빳사나

(16)　　지견청정(도의 지혜, 과의 지혜, 반조의 지혜)

(15) ⑪　종성의 지혜

(14) ⑩ ❿ 수순하는 지혜

<mark>강한 위빳사나</mark> (13) ⑨ ❾ 형성된 것들에 대한 평온의 지혜

(12) ⑧ ❽ 깊이 숙고하는 지혜 [깊이 숙고하여 관찰하는 지혜]

강한 위빳사나	(11) ⑦ ❼ 해탈하기를 원하는 지혜
강한 위빳사나	(10) ⑥ ❻ 염오의 지혜 [염오를 관찰하는 지혜]
강한 위빳사나	(9) ⑤ ❺ 위험의 지혜 [위험을 관찰하는 지혜]
강한 위빳사나	(8) ④ ❹ 공포의 지혜 [공포로 나타나는 지혜]
	(7) ③ ❸ 무너짐의 지혜 [무너짐을 관찰하는 지혜, 멸괴지]
얕은 위빳사나	(6) ② ❷ 생멸의 지혜 [전반부/후반부]
얕은 위빳사나	(5) ① ❶ 명상의 지혜
얕은 위빳사나	(4) 도의청정
얕은 위빳사나	(3) 견청정
	(2) 마음청정
	(1) 계청정

위빳사나의 수행은 크게 얕은 위빳사나와 강한 위빳사나로 나눌 수 있다.

얕은 위빳사나는 염오라는 강한 위빳사나가 일어나기 전의 단계이며, 이 단계를 충실히 닦게 되면 강한 위빳사나가 일어나게 된다.

이 얕은 위빳사나는 물에 뛰어들기 전의 준비 과정이며, 강한 위빳사나는 물에 뛰어들어 저 언덕을 향해 헤엄쳐 가는 과정으로 비유할 수 있을 것이다.

(1) 얕은 위빳사나

이 얕은 위빳사나는 ❸ 무너짐의 지혜[무너짐을 관찰하는 지혜, 멸괴지를 기준으로 해서 그 이전의 단계 전체를 뜻한다.

정신·물질을 구분하는 (3) 견청정, 조건과 업과 과보를 공부하고 이해하는 (4) 도의청정, 그리고 무상하다고 생각하는 과정인 (5) 명상의 지혜, 현재 일어나는 법을 무상하다고 관찰하는 (6) 생멸의 지혜[전반부/후반부]가 얕은 위빳사나이다.

◆ **생멸의 지혜**(전반부)
◆ **위빳사나를 시작한 자**(조건과 순간)

'생멸의 지혜(전반부)'와 '위빳사나를 시작한 자'는 같은 단계이면서 얕은 위빳사나이다.

위빳사나 수행의 단계는 수행자 스스로 점검해 나갈 수 있는데, 그러한 측면에서 보면 생멸의 지혜[전반부]와 위빳사나를 시작한 자라는 단계는 수행자가 스스로 점검해야 할 첫 번째 관문이라고 할 수 있다.

생멸의 지혜를 본 결과로 수행자는 사성제의 진리를 조건과 찰나를 통해 분명하게 보게 된다.

이 과정을 수행자 스스로 체험하지 못하였다면 수행자는 아직 위빳사나를 시작한 자가 아님을 알아야 한다.

※ **위빳사나의 경계**

수행자가 무상의 관찰을 통해서 조건과 찰나를 보았다면 위빳사나 10가지 경계를 경험하게 된다.

이 경계들은 바르게 수행한 자에게만 나타나게 된다.

그 10가지는 광명, 희열, 경안, 결심, 분발, 행복, 지혜, 확립, 평온, 욕구이다. 이러한 법들을 '나', '내 것', '나의 자아'라고 착각해서 붙잡고 있는 상태가 경계에 빠진 상태라 할 수 있다.

이러한 경계들은 너무나 강렬해서 마치 수행자가 깨달은 것으로 착각할 수 있다. 착각하게 되면 경계에 빠진 수행자가 되고 더 이상의 진보는 일어나지 않는다.
 그 이유는 지혜를 희열을 행복을 '나', '내 것', '나의 자아'라고 착각해서 붙잡는 순간 들뜨게 되고 산만해지기 때문이다.

그리고 경계를 일으키는 욕구는 너무나 미세해서 수행자 스스로는 파악하기가 쉽지 않은 것으로 이해된다. 그러나 물·심의 현상을 체계적으로 분석한 아비담마를 공부하고, 청정도론의 위빳사나의 단계를 분명히 이해하고 있는 수행자는 이 경계에서 벗어날 수 있을 것이다.

(2) 강한 위빳사나

위빳사나 10단계에서 얕은 위빳사나와 강한 위빳사나를 구분 짓는 지점인 ❸ 무너짐의 지혜[무너짐을 관찰하는 지혜, 멸괴지]는 위빳사나 수행에서 가장 중요한 지점이라 할 수 있다.

멸괴지는 생멸의 지혜가 성숙되고 해체의 정점에 이르게 되는 과정이며, 오온이 무너지고 부서지고 있는 것으로 나타나는 과정이다.

이러한 경험의 결과로 수행자는 매 찰나 무너지고 부서지고 죽어가는 오온에 대한 공포가 올라옴으로 강한 위빳사나인 공포의 지혜가 일어나게 된다.

강한 위빳사나는 염오의 지혜를 말한다. 그리고 염오의 지혜는 아래의 4가지 지혜와 동의어로 나타난다.

❹ 공포의 지혜[공포로 나타나는 지혜], ❺ 위험의 지혜[위험을 관찰하는 지혜], ❼ 해탈하기를 원하는 지혜, ❾ 형성된 것들에 대한 평온의 지혜가 그것이다.

이것을 위빳사나 10단계/11단계/16단계에서 보면 이렇게 나타난다.

　　　　　　　　(16)　　　지견청정(도의 지혜, 과의 지혜, 반조의 지혜)
　　　　　　　　(15) ⑪　　종성의 지혜
　　　　　　　　(14) ⑩ ❿ 수순하는 지혜
|강한 위빳사나| (13) ⑨ ❾ 형성된 것들에 대한 평온의 지혜
　　　　　　　　(12) ⑧ ❽ 깊이 숙고하는 지혜 [깊이 숙고하여 관찰하는 지혜]
|강한 위빳사나| (11) ⑦ ❼ 해탈하기를 원하는 지혜

| 강한 위빳사나 | (10) ⑥ ❻ 염오의 지혜 [염오를 관찰하는 지혜]
| 강한 위빳사나 | (9) ⑤ ❺ 위험의 지혜 [위험을 관찰하는 지혜]
| 강한 위빳사나 | (8) ④ ❹ 공포의 지혜 [공포로 나타나는 지혜]
                  (7) ③ ❸ 무너짐의 지혜 [무너짐을 관찰하는 지혜, 멸괴지]
| 얕은 위빳사나 | (6) ② ❷ 생멸의 지혜 [전반부/후반부]
| 얕은 위빳사나 | (5) ① ❶ 명상의 지혜
| 얕은 위빳사나 | (4)   도의청정
| 얕은 위빳사나 | (3)   견청정
                  (2)   마음청정
                  (1)   계청정

 강한 위빳사나 전체는 염오(厭惡)로 나타나며 위빳사나 수행에 있어서 가장 중요한 과정이다.
 염오가 일어나기 위해서는 개념적 존재인 '나'를 오온으로 해체하고 81법으로 해체한다. 고유성질로 해체된 법은 조건발생과 찰나적 존재로 나타나게 되며 이렇게 관찰하는 것이 무상·고·무아의 관찰이 된다.

 결국 '나'라는 것은 무상하고 괴롭고 무아인 것으로 보게 될 때 강한 위빳사나인 염오가 일어나고, 염오의 지혜는 도와 과가 일어나는 조건이 된다.

 염오의 단계에서 ❹공포로 나타나는 지혜는 수행자 스스로에게 강하게 경험되는 지혜이다.

이러한 지혜가 일어났다면 수행자는 다음 단계의 지혜를 닦아 나갈 수 있고, 그렇지 않다면 이전의 단계들에 대한 점검이 있어야 할 것이다.

6. 칠청정과 위빳사나 16단계

「역마차 교대 경」(M24)에는 불교 깨달음의 단계가 칠청정으로 나타난다.

이러한 칠청정 역시 위빳사나 16단계와 궤를 같이하면서 불교 수행 전체를 드러낸다.

칠청정은 다음과 같이 나타난다.
(7) 지견청정(도의 지혜, 과의 지혜, 반조의 지혜)
(6) 행도 지견청정
(5) 도비도 지견청정
(4) 도의청정
(3) 견청정
(2) 마음청정
(1) 계청정

이 칠청정은 다시 16단계로 나타난다.

(7) 지견청정	(도의 지혜, 과의 지혜, 반조의 지혜)
	종성의 지혜
(6) 행도 지견청정	수순하는 지혜
(6) 행도 지견청정	형성된 것들에 대한 평온의 지혜
(6) 행도 지견청정	깊이 숙고하는 지혜 [깊이 숙고하여 관찰하는 지혜]
(6) 행도 지견청정	해탈하기를 원하는 지혜
(6) 행도 지견청정	염오의 지혜 [염오를 관찰하는 지혜]
(6) 행도 지견청정	위험의 지혜 [위험을 관찰하는 지혜]
(6) 행도 지견청정	공포의 지혜 [공포로 나타나는 지혜]
(6) 행도 지견청정	무너짐의 지혜 [무너짐을 관찰하는 지혜]
(6) 행도 지견청정	생멸의 지혜 [후반부]
(5) 도비도 지견청정	생멸의 지혜 [전반부]
(5) 도비도 지견청정	명상의 지혜
(4) 도의청정	
(3) 견청정	
(2) 마음청정	
(1) 계청정	

불교 깨달음의 과정을 크게 본다면 교학과 수행으로 나눌 수 있다.

이러한 과정을 단계로 나누어 본다면 칠청정과 위빳사나

16/11/10단계로 나눌 수 있고, 이것은 다시 '해체해서 보기-무상·고·무아-염오-이욕-해탈-구경해탈지'라는 여섯 단계로 나눌 수 있다.

왜 이렇게 단계를 나누고 과정을 강조하고 있는가!

나무도 뿌리가 있고 몸통이 있고 열매가 있고, 가장 높은 건축물도 기초를 기반으로 최고층의 옥상이 있게 된다.
그렇듯이 깨달음도 이러한 과정과 단계를 기반으로 하고 있다.

이러한 단계와 과정들을 이해하지 않고 중요하지 않게 생각하고 수행을 하고 있다면 깨달음이라는 것은 문득 일어나는 것이 되고 만다.

불교 교학과 수행, 특히 칠청정과 위빳사나 16/11/10단계는 수행자에게 분명한 길을 제시한다.

깨달음을 추구하는 불자라면 이러한 길에 대한 철저한 이해가 있어야 하고, 그 이해를 바탕으로 깨달음을 향해 나아갈 때, 지도 없이 목적지를 찾아 헤매는 것과 같은 어리석음에서 벗어날 수 있을 것이다.

VI. 위빳사나와 아비담마

1. 위빳사나의 대상 - 법
2. 물질
3. 마음
4. 마음부수(심소법)
5. 인식과정

VI. 위빳사나와 아비담마

1. 위빳사나의 대상 - 법

위빳사나 수행의 대상은 유위법이다.
위빳사나 수행자가 법을 대상으로 하기 위해서는 법이 무엇인지, 법은 어떻게 드러나는지에 대한 명확한 이해가 있어야 한다.
법을 배우지 않고 법에 대한 이해 없이 수행하려고 한다면 그것은 모래 위에 누각을 짓는 것과 같다고 할 수 있다.

법에 대한 이해는 아비담마를 통해서 굳건해진다.
아비담마는 법에 대해서라는 의미를 가지고 있으며, 그 법은 위빳사나의 대상이 된다. 그러므로 아비담마는 위빳사나 수행의 이론적 토대가 되고, 그 이론적 토대는 즉각적으로 체득되어 나타나기에 아비담마가 위빳사나요 위빳사나가 아비담마라는 명제가 되는 것이다.

법은 고유성질을 가진 것, 찰나적 존재, 조건발생이다.
위빳사나 수행자는 이 명제를 반드시 인식하고 있어야 한다.

◆ 고유성질
고유성질은 각각의 현상의 특징 등을 뜻한다.
탐욕으로 음식을 먹고 있을 때와 화를 내고 있을 때의 각각의 현상은 다르다.

이때 가장 두드러지게 나타나는 탐욕이라는 고유성질과 성냄이라는 고유성질은 구분된다.

이렇게 고유성질로 구분한 현상을 법이라고 한다.

아비담마에서는 이러한 고유성질을 가진 법을 82법으로 정의한다.

◆ 찰나적 존재

현상은 일어났다 사라진다. 느낌도 일어나면 사라지고, 소리도 일어나면 사라진다. 느낌도 법이고, 소리도 법이다.

법들은 일어났다가 사라지고, 변해버리고, 있다가 없어져 버린다.

이러한 특징이 바로 무상의 특징이다.

찰나를 통해 위빳사나 수행자는 무상을 이해하고 체득해 나간다.

법으로 볼 때만이 무상이 드러난다.

◆ 조건발생

유위법의 현상이 일어나기 위해서는 다른 현상의 도움을 받아야 한다.

즉 하나의 법이 일어나기 위해서는 다른 법이 있어야 한다는 의미이다.

이것이 조건발생이고, 연기적 과정이다.

눈이 있고 대상인 형색이 있을 때 안식이라는 마음이 일어난다.

눈이라는 법과 형색이라는 법을 조건으로 하여 안식이라는 마음이 조건발생으로 일어난 것이다.

눈이라는 조건과 형색이라는 조건이 없으면 안식이라는 마음은 일어나지 않기에 안식은 조건발생이고 지배자 없는 무아의 법인 것이다.

위빳사나의 대상은 법이고 법은 고유성질을 가진 것, 찰나적 존재, 조건발생이다.

위빳사나 수행자는 이러한 명제를 인식해야 하고, 그러한 명제들은 아비담마라는 이론적 토대 위에 이루어지고 있음을 알아야 한다.

2. 물질

위빳사나의 대상이 되는 아비담마의 71법은 마음 1가지, 마음부수 52가지, 물질 18가지로 분류된다.

물질은 거친 대상이기에 위빳사나 수행에 있어서 우선적으로 관찰되어야 할 주제이다.

물질은 변형되는 것이 그 특징이고, 이 변형되는 물질 중에서 고유성질을 가진 것은 구체적 물질 18가지, 추상적 물질 10가지, 이렇게 총 28가지로 분류한다.

구체적 물질은 위빳사나 무상·고·무아를 통찰하는 대상이 된다.

구체적 물질 중에서 근본물질인 지·수·화·풍은 위빳사나 수행의 대상이 되는 물질 중에 요체가 된다고 할 수 있다.

◆ **근본물질(사대)**
땅의 요소(지대): 딱딱함·부드러움
물의 요소(수대): 응집성·유동성
불의 요소(화대): 따뜻함·차가움
바람의 요소(풍대): 움직임·지탱함

단단함·부드러움, 매끈함·거칢, 무거움·가벼움은 지대이다. 이러한 현상을 경험하고 있다면 땅의 요소의 고유성질을 관찰하고 있는 것이고, 사라졌다고 관찰하면 무상의 관찰이라는 위빳사나의 관찰이 된다.

앉아 있으면 지탱함이 경험되고, 일어서면서 움직임이 경험된다.
그때 수행자는 바람의 요소라는 법을 관찰하고 있는 것이고, 일어서면서 지탱함이 사라졌다고 관찰하면 법의 무상을 관찰하는 위빳사나를 행하고 있는 것이 된다.

걷고 서고 앉고 눕고 하는 자세는 아비담마적으로 분석된다.
자세가 일어나고 유지하기 위해서는 바람의 요소가 두드러진 역할을 한다. 그리고 이러한 자세는 바람의 요소의 형태 변화인 몸의 암시라는 물질의 현현이다.
이때의 바람의 요소와 몸의 암시라는 물질은 마음에서 생긴 물질이다.

이러한 분석을 토대로 다음과 같은 결론에 이르게 된다.

바람의 요소라는 법의 고유성질인 움직임·지탱함을 본다. 그리고 그 움직임의 사라짐을 본다. 그리고 움직임은 마음을 조건으로 일어난 것으로 본다.

수행자는 고유성질과 찰나와 조건발생으로 현상(법)을 관찰하게 되고 이것을 통해 무상·고·무아를 관찰해 나간다.
아비담마의 법이 위빳사나로 이어지게 되는 과정이다.

◆ 감성의 물질

감성의 물질은 형색·소리·냄새·맛·감촉이라는 다섯 가지 물질이다.
이 물질은 각각의 대상을 경험하는 민감한 물질이고, '눈의 감성·귀의 감성·코의 감성·혀의 감성·몸의 감성'으로 아비담마에서 나타난다.
이 다섯 가지 감성은 교학적으로 눈·귀·코·혀·몸, 즉 안·이·비·설·신이다.

감성의 물질을 통해 알아야 하는 것은 수행자의 '눈·귀·코·혀·몸의 감성'이라는 물질은 각각의 고유성질을 드러내는 것으로써 대상을 취한다는 사실이다.

내가 보는 것이 아니라 눈의 특징, 역할, 나타남, 가까운 원인이 일어나고 있을 뿐이라는 점이다.

눈의 감성의 특징, 역할, 나타남, 가까운 원인은 이렇게 나타난다.

눈의 특징: 형색이 부딪쳐 오는 것에 대한 만반의 준비가 된 물질
눈의 역할: 형색들에서 눈의 알음알이를 끌어당기는 것
눈의 나타남: 눈의 알음알이를 기반으로 나타남
눈의 가까운 원인: 보고자 하는 욕망에서 기인한 업

수행자는 눈을 감았다가 떴을 때 눈이 본다는 것을 이렇게 이해해야 한다.

내가 보는 것이 아니다. 형색이 부딪히고 눈의 특징, 역할 등으로 인해 안식이 일어나는 무아적 과정이고, 그러한 과정에서 법들은 일어났다 사라지는 무상한 존재라는 것이 극명하게 드러난다.

아비담마를 통해서 물질을 이해하는 순간 수행자는 즉각적으로 위빳사나를 행하게 된다.

◆ 대상의 물질
대상의 물질은 7가지이다.
형색, 소리, 냄새, 맛, 감촉(땅의 요소, 불의 요소, 바람의 요소)

대상의 물질 역시 위빳사나 물질 수행의 요체가 된다. 그중에서 지대, 화대, 풍대는 근본물질에 이미 포함되어 있음을 알아야 한다.

╪ 형색·소리
형색과 소리는 눈과 귀에 직접적으로 닿지 않더라도 대상을 취한다.
눈에 보이는 형색과 귀에 들리는 소리에는 이름이 없다. 단지 형색과 소리는 눈과 귀에 부딪히는 특징을 가지고 있고, 각각 눈의 알음알이와 귀의 알음알이를 끌어당기는 역할을 할 뿐이다.

형색과 소리는 오문인식과정과 후속과정을 거치면서 표상화된 과거의 인식과 비교하는 과정을 거친다. 그 과정에서 형색과 소리는 개념화되고 이름을 얻게 된다.

형색이나 소리는 물질이다.
이 물질을 조건으로 마음과 마음부수가 일어난다. 이때 형색과 소리는 대상이라는 조건의 힘을 가지고 마음과 마음부수를 일어나게 한다.

위빳사나 수행자는 대상의 물질을 통해 조건발생을 파악한다.

그리고 형색과 소리의 사라짐을 통해 무상을 관찰한다.

물질의 무상은 오문인식과정과 의문인식과정을 이해할 때 정확하게 관찰할 수 있다.

소리가 들리는 순간, 소리를 아는 마음이 일어난다.

실참수행에서 '소리 | 아는 마음'은 구분된다. 소리는 오문인식과정이고 소리를 아는 마음은 의문인식과정으로 이해할 수 있다.

이 과정을 이해하면 소리를 아는 마음이 일어난 순간 소리는 사라진 순간이다. 즉 물질의 무상함이 드러난 순간이 된다.

수행자는 대상의 물질을 명확하게 이해하고 인식과정을 정확하게 이해함으로써 무상의 관찰이라는 위빳사나를 행하게 된다.

ℱ 냄새·맛·감촉(땅의 요소, 불의 요소, 바람의 요소)

냄새·맛·감촉이라는 대상의 물질도 마음과 마음부수를 일어나게 하는 조건이 되고, 형색과 소리와 같은 방법으로 위빳사나의 관찰이 이루어진다.

바늘에 찔리면 아프다.

바늘을 조건으로 아프다는 괴로운 느낌이 일어난다.

즉 감촉이라는 물질을 조건으로 정신이 일어난 것이다.

아비담마적으로 엄밀하게 말하면 바늘의 단단함, 즉 땅의 요소를 조건으로 괴로운 느낌이 일어난 것이다.

대상을 조건으로 느낌이 일어나고, 대상도 마음도 사라져 버렸다고 관찰하게 되면 위빳사나를 행하고 있는 것이 된다.

◆ 암시의 물질
　암시의 물질은 추상적 물질이고 마음에서 생긴 물질이다.
　몸의 암시와 말의 암시는 사념처 수행에서 마음챙김의 대상으로 가장 중요한 주제 중의 하나라 할 수 있다.

　몸의 암시는 바람의 요소의 형태 변화이다.
　즉 한 발짝 내딛게 되면 한 발짝 전체는 몸의 암시라는 물질이고, 그것을 해체하면 작은 움직임의 연속이고 작은 움직임이 바로 바람의 요소이다.
　여기서 알아야 하는 것은 바람의 요소는 구체적 물질로서 위빳사나의 대상이 되지만, 암시의 물질은 추상적 물질로서 위빳사나의 무상·고·무아를 통찰하는 대상이 아니라는 점이다.

　암시의 물질이 중요한 이유는 바로 마음챙김의 대상이 되기 때문이다.
　사념처 수행은 크게 대상에 대한 마음챙김을 숙달하는 과정과 그 대상에 대한 무상·고·무아·부정을 관찰하는 것으로 나타난다고 할 수 있다.

이러한 맥락에서 몸의 관찰이라는 신념처 수행에서의 대상은 상당 부분 몸의 암시라는 법이 대상이 됨을 실참수행을 통해서 알 수 있다.

즉 지금 걷고 있는 것에 마음을 챙긴다면, 그 순간은 걷는 것 전체인 몸의 암시라는 추상적 물질일 수 있고, 더 미세하게 관찰하면 바람의 요소라는 구체적 물질에 대한 마음챙김일 수 있다는 것이다.

이러한 관점에서 암시의 물질을 이해하고 사념처 수행에 적용시켜야 한다.

물질은 마음챙김과 위빳사나 수행에 있어서 우선적으로 관찰되어야 할 주제이다.

수행자가 근본물질, 감성의 물질, 대상의 물질, 암시의 물질 등을 아비담마를 통해 정확하게 이해할 때 그 물질들이 바로 마음챙김과 위빳사나의 대상으로 드러남을 알아야 한다.

3. 마음

마음의 고유성질은 대상을 아는 것이다.
수많은 마음이 있다고 하더라도 대상을 아는 것으로는 하나이다.

그래서 아비담마에서는 마음은 1개라고 적고 있다.

다만 종류로는 89가지 마음으로 분류하고 있다.

이러한 마음 중에서 위빳사나 실참수행의 측면에서 본다면 과보의 마음과 업을 짓는 마음은 중요한 주제라 할 수 있을 것이다.

◆ **과보의 마음**

눈·귀·코·혀·몸을 통해 일어나는 전오식·받아들임·조사의 마음이 과보의 마음이다.

이 과보의 마음을 이해하기 위해서는 아비담마의 오문인식과정을 이해해야 한다.

길을 걷다가 갑자기 양귀비가 눈앞에 나타나고 그것을 조건으로 안식이 일어난다.

형색이라는 대상과 눈이라는 감각기관이 부딪히고 그때 일어난 안식이 바로 과보의 마음이다.

과보의 마음이 중요한 이유는 대상 때문이다.

과보의 마음이 일어나게 하는 대상을 조건으로 하여 유익한 업, 해로운 업, 혹은 무기의 마음이 일어나기 때문이다.

눈을 통해서 양귀비가 보이면 유익한 과보이다.

대부분은 양귀비를 통해 탐욕의 마음이 일어난다. 유익한 과보가 해로운 마음이 일어나게 하는 조건이 된다.

그러나 위빳사나 수행자는 양귀비를 보더라도 그것이 과보인 줄 알고 형색이라는 법이라고 명확하게 알게 되면, 유익한 과보는 유익한 마음을 일어나게 하는 조건이 된다.

아비담마의 과보의 마음은 대상을 조건으로 일어난다. 대상을 아는 순간 바로 위빳사나 수행이 적용됨을 알아야 한다.

◆ 업을 짓는 마음

✠ 해로운 업
해로운 업을 짓는 마음은 탐욕과 성냄과 어리석음에 뿌리를 둔 마음이다.

물을 먹을 때 마음은 탐욕이 함께하는가, 그렇지 않은가?
수행자가 대상을 놓쳤다면 그 마음은 어리석음에 뿌리박은 마음인가?

해로운 마음은 12가지로 나타나며 수행자는 이러한 마음들을 아비담마의 법수를 통해 정확하게 이해함으로써 그러한 마음이 일어났을 때 즉각적으로 대상으로 관찰해야 한다.

✠ 유익한 업
마음챙김은 유익한 마음에서만 일어나는 심소법이다.

그러므로 해로운 마음이 일어났을 때 그 마음을 대상으로 마음챙김을 확립하게 되면 그것은 바로 유익한 마음이 된다.

성냄의 마음이 일어난 순간 그 마음을 대상으로 마음챙김을 확립하게 되면 그 자리에 유익한 마음이 일어난 것이고, 그 성냄의 마음은 사라진 것, 무상한 것이 된다.

이렇게 관찰하는 것이 사념처 수행에서 마음이라는 법의 관찰이 된다.

여기서 다시 강조되는 것은 마음챙김이다.
마음챙김을 놓쳐버린 수행자는 대상을 놓쳐버린 수행자이고 마라의 영역에 머무는 수행자이고, 마음챙김을 확립한 수행자는 대상을 챙기고 있는 수행자이고 그 대상을 조건으로 위빳사나를 행하고 있는 수행자이다.
이 수행자는 마라의 영역에서 벗어난 수행자이다.
마음을 챙겼을 때 유익한 마음이 일어나고 지혜 있는 마음이 일어난다.
이러한 마음은 욕계의 마음으로는 8가지로 나타나며 위빳사나 수행자는 이러한 마음을 일으키기 위해 정진해야 한다.

4. 마음부수(심소법)

"[마음]과 함께 일어나고 함께 멸하며 동일한 대상을 가지고 동일한 토대를 가지는 마음과 결합된 52가지 법을 마음부수들이라 한다."[1]

이러한 전제로 본다면 마음은 마음부수와 함께 일어나고, 마음이 대상을 안다는 것은 마음부수의 도움을 받아서 대상을 아는 것으로 나타난다.

마음부수 역시 위빳사나의 대상이 되는 법이다.
심소법 중에서 실참수행으로서 알아야 하는 것은 마음에 잡도리함과 마음챙김과 지혜라 할 수 있고, 두드러지게 드러나는 심소법으로서는 의도와 느낌이라 할 수 있을 것이다.

마음에 잡도리함이라는 심소법은 대상과 밀접한 관계가 있다. 해로운 마음에서도 마음에 잡도리함이 일어나고 유익한 마음에서도 일어나지만, 수행의 시작점이 되는 것은 유익한 마음에서 일어나는 지혜롭게 마음에 잡도리함이라는 법이다.

◇ **마음에 잡도리함**[作意, manasikāra]
"관련된 법들을 대상으로 내모는(sāraṇa) 특징을 가진다. 관련

---

1) 『아비담마 길라잡이』 제1권 211p

된 법들을 대상과 연결시키는 역할을 한다. 대상과 대면함으로 나타난다. 대상이 가까운 원인이다."[2]

　대상과 조우할 때 그쪽으로 마음이 향하게 된다. 이것이 기본적으로 마음에 잡도리함의 역할이다.

　양귀비를 보면서 탐욕의 마음이 일어날 때 탐욕의 마음과 함께 일어나는 마음에 잡도리함이라는 마음부수가 대상 쪽으로 향하게 하는 역할을 한다.
　양귀비의 목소리를 들으면서 소리가 무상하다고 관찰하는 유익한 마음이 일어날 때도 마음에 잡도리함이라는 마음부수가 대상으로 향하는 역할을 한다.

　마음에 잡도리함은 아비담마에서 말하는 반드시 일어나는 심소법이다.
　그러므로 해로운 마음이든 유익한 마음이든 마음에 잡도리함이라는 심소법은 일어나게 된다.

　유익한 마음인 지혜롭게 마음에 잡도리함[요니소 마라시까라]이 일어나려면 지혜가 함께 일어나야 한다.
　지혜는 기본적으로 대상의 고유성질을 아는 것이다.

---

2) 『아비담마 길라잡이』 제1권 233p

◇ **어리석음 없음[不癡, amoha], 통찰지**

"통찰지의 특징은 법의 고유성질을 통찰하는 것이다. 그것의 역할은 법의 고유성질을 덮어버리는 어리석음의 어둠을 쓸어버리는 것이다. 통찰지는 미혹하지 않음으로 나타난다. 통찰지의 가까운 원인은 삼매다."[3]

소리가 들린다.
소리의 고유성질은 귀에 부딪히는 것이다. 이러한 고유성질을 수행자는 아비담마를 배움으로 인해서 인식하게 된다.
소리가 들리는 순간 마음이 귀 쪽으로 향하는 것을 경험한다.
그것은 마음에 잡도리함이 역할을 한 것이고, 소리라는 대상을 명확히 했기에 지혜롭게 마음에 잡도리함이 일어난 것이다.
그리고 그와 동시에 마음챙김은 소리라는 대상에 깊이 들어간다.

◇ **마음챙김[念, sati]**

"[대상에] 깊이 들어가는 것을 특징으로 한다. 잊지 않는 것을 역할로 한다. 보호하는 것으로 나타난다. 혹은 대상과 직면함으로 나타난다. 강한 인식이 가까운 원인이다. 혹은 몸 등에 대한 마음챙김의 확립이 가까운 원인이다."[4]

---

3) 『아비담마 길라잡이』 제1권 275p
4) 『아비담마 길라잡이』 제1권 257p

수행의 시작점이 되는 지혜롭게 마음에 잡도리함이라는 유익한 마음이 일어날 때 마음에 잡도리함, 지혜, 마음챙김이 두드러진 역할을 한다고 할 수 있다.

지금 눈앞에 양귀비가 나타나면 마음은 대상으로 향한다. 마음에 잡도리함이 역할을 하는 순간이다. 이때 양귀비를 형색이라고 혹은 그 찰나에 일어난 느낌이라고 인식이라고 명확히 하는 순간은 지혜가 일어나는 순간이다. 그러므로 실참수행의 시작점이라 할 수 있는 지혜롭게 마음에 잡도리함[요니소 마라시까라]이 완성된 것으로 여겨진다.

물론 이 순간에 대상을 향해 깊이 들어가고, 깊이 확립되는 특징을 가진 마음챙김이 그 대상을 잊지 않는 역할을 해야만 지혜롭게 마음에 잡도리함이라는 선법이 완성된다 할 수 있을 것이다.

수행자는 이러한 심소법들의 특징·역할·나타남·가까운 원인을 아비담마를 통해 이해하고 그것을 즉각적으로 찰나에 적용하게 되면 바로 위빳사나 수행이 된다.

이것이 바로 아비담마가 바로 위빳사나로 이어지는 과정으로 이해할 수 있다.

◆ 느낌·의도
수행자에게 두드러지게 드러나는 마음부수법들 중 느낌과 의도는 중요하다.

느낌은 강하게 경험되는 심소법이고, 12연기의 촉-수-애로 이어지는 과정에서 갈애를 일으키는 조건이 되는 법이다.

위빳사나 수행자는 느낌을 철저히 꿰뚫어 앎으로써 느낌에서 갈애로 넘어가지 않게 해야 하고, 느낌에 마음챙김을 확립함으로써 느낌의 무상을 관찰해야 한다.

◎ **느낌**
느낌은 아비담마에서는 5가지로 분류한다.

○ 즐거움
부드러운 천이나 피부를 만지면 즐거운 느낌이 일어난다.

○ 고통
가시에 찔리면 고통이 일어난다.
즐거움과 고통은 육체적인 것이다.

○ 기쁨
좋아하는 장미꽃이나 원하는 이성을 보면 기쁨이 일어난다.

○ 불만족
더러운 것이나 원하지 않는 대상을 보면 불만족이 일어난다.
기쁨과 불만족은 정신적인 것이다.

○ 평온
그리고 중립적인 느낌인 평온이 있다.
이것은 정신적인 것이다.

수행자가 느낌이라는 법에 대해서 분명히 이해하고 느낌이 일어났을 때 이것이 육체적 느낌인지 정신적 느낌인지 구분하는 것만으로도 그것은 지혜가 되고, 그 지혜를 조건으로 느낌이 갈애로 넘어가는 것을 막을 수 있다.

몸이 단단한 것에 부딪히면 육체적 괴로운 느낌이 일어난다. 이때 대부분은 성냄이 일어난다. 그러나 느낌을 알고 있는 수행자라면 그것은 육체적 괴로운 느낌이라고 알고, 나아가서 그것은 과보로 나타난 것이라는 것을 안다.
이 아는 순간이 바로 유익한 마음, 즉 선법이 일어난 순간이다.

괴로운 느낌을 조건으로 성냄이 일어난다면 그것은 두 번째 화살을 맞은 것이다.
그러나 단지 느낌이 일어났을 뿐이라고 마음 챙기게 되면 유익한 마음이 일어난 것이고 두 번째 화살은 피한 것이 된다.

마찬가지로 즐거운 느낌이 일어났을 때도 탐욕의 마음으로 넘어가지 않아야 두 번째 화살을 피하는 것이 되므로, 수행자는 즐거운 느낌에도 마음을 챙겨 정진하여야 한다.

◎ 의도

아비담마에서 의도는 마음이 일어날 때 반드시 일어나는 심소법으로 분류된다.

의도에서 가장 중요한 것은 의도는 업이 될 수도 있고, 업이 되지 않을 수도 있다는 점이다.

탐욕·성냄·어리석음이라는 해로운 마음부수 등과 의도가 같이 일어나면 해로운 업이 되고, 마음챙김·지혜·믿음 등의 마음부수법이 같이 일어나면 유익한 업이 된다.

그러나 마음이 일어날 때 업을 짓는 마음만 일어나는 것이 아니기에 무기의 마음에서 일어나는 의도는 업이 되지 않는다.

실참수행에서 의도는 중요하다.

좋아하는 음식을 보면 탐욕의 마음이 일어나고 그 탐욕의 마음으로 음식을 먹기 위해 팔을 뻗는다면 그때 팔의 움직임인 바람의 요소가 일어나는데, 이때 의도라는 마음부수가 주도적인 역할을 한다고 볼 수 있다.

즉 마음을 조건으로 물질이 생기는 데 있어서 의도는 두드러지게 경험되는 법이 된다는 의미이다.

걷기 위해서 발을 내딛는 순간 의도가 일어남을 수행자는 알 수 있다.

이때 의도를 조건으로 바람의 요소와 몸의 암시라는 물질이 일어난다.

이것을 걷는다고 하지만 아비담마적으로 보면 정신을 조건으로 물질이 일어나는 과정으로 나타난다.

걷는 자는 없고 정신·물질만이 드러난다.
이렇게 보는 자는 얕은 위빳사나인 견청정의 지혜가 계발된 자라고 할 수 있을 것이다.

의도는 정신이고 움직임은 물질이다. 이렇게 관찰하는 것은 정신·물질의 구분이 되고, 의도를 조건으로 움직임이 일어나는 것을 보면 조건발생인 무아를 보게 되고, 의도도 움직임도 사라졌다고 관찰하면 무상의 관찰이 된다.

아비담마의 마음부수법의 특징, 역할, 나타남, 가까운 원인을 파악하게 되면 그것은 즉각적으로 위빳사나로 이어진다.

5. 인식과정

내가 본다고 생각하는 것은 사견에 빠진 것이다.
위빳사나 수행자는 내가 보는 것이 아니라 인식과정이 일어나고 있는 것으로 알아야 하고, 인식과정에서 일어나고 있는 법들이 각각의 역할을 하고 있는 것으로 이해해야 한다.

인식과정을 이해함으로써 물질찰나와 심찰나를 이해하게 되고, 위빳사나의 수행의 요체인 무상을 이해하게 된다.

인식과정은 오문인식과정과 의문인식과정으로 나뉜다.
눈으로 보고, 귀로 듣고, 코로 냄새 맡고, 혀로 맛보고, 몸으로 닿는 것을 경험하는 과정은 오문인식과정이다.
가장 중요하게 알아야 하는 것은 오문인식과정을 뒤이어 후속 과정인 의문인식과정이 일어난다는 점이다.

눈앞에 양귀비가 나타나게 되면 이것은 형색이라는 물질이 눈에 부딪힌 것이다.
이 과정이 오문인식과정이고 이 과정은 물질과 정신이 일어나고 있는 경우이다.
이 과정 후 의문인식과정이라는 7단계를 거쳐서 형색이 양귀비라는 이름을 얻게 되는데 의문인식과정은 순전히 정신적 과정이다.

① 형색을 마노의 문에서 재생하는 과정
② 전체적으로 파악하는 과정
③ 색깔을 주시하는 과정
④ 형태를 파악하는 과정
⑤ 형태를 인식하는 과정
⑥ 이름을 파악하는 과정
⑦ 이름을 인식하는 과정

이러한 인식과정은 위빳사나 수행자에게 물질의 무상함과 정신의 무상함을 관찰하는 이론적 토대를 마련하게 되고, 실참수행에 있어서 물질의 무상함과 정신의 무상함을 정확하게 이해하는 조건이 된다.

인식과정을 이해하게 되면 내가 본다는 사견은 사라지고 무상과 무아에 대한 천착은 깊어지게 된다.

인식과정을 이해하고 이것을 실참수행에 적용시키려는 노력은 위빳사나 수행자에게 반드시 요구된다.

VII. 위빳사나와 사념처

1. 마음챙김과 위빳사나
2. 감각기능의 단속과 마음챙김
3. 사념처
4. 사념처와 위빳사나

VII. 위빳사나와 사념처

1. 마음챙김과 위빳사나

사띠(마음챙김)와 위빳사나는 분리해서 이해해야 한다.

마음챙김은 대상에 깊이 들어가고 대상을 거머쥐는 특징과 잊지 않는 역할로 나타나고, 위빳사나는 깊이 보는 것으로 나타난다.(Ⅱ. 마라와 사념처 참조)

"'위빳사나(vipassanā)'는 vi(분리해서)+√dṛś(to see)에서 파생된 여성명사로서 '분리해서 본다'는 문자적인 뜻 그대로 그냥 보는 것(sight)에 머무르지 않고 더 깊이 보는 것(in-sight)을 의미한다. 그래서 중국에서는 觀(관)으로 옮겼고 어원에 더 충실하여 內觀(내관)으로 옮기기도 하였으며 毘婆舍那 毘鉢舍那(비파사나, 비발사나) 등으로 음역되기도 하였다. 영어로는 insight로 정착되었다."[5]

소리가 들리는 순간, 소리는 물질이고 아는 마음은 정신이다.
이때 '소리 | 아는 마음'으로 구분된다.
수행자가 소리는 사라졌다고 아는 마음으로 관찰하게 되면, 물질은 무상하다는 위빳사나의 지혜가 일어난 것이 된다.

---

5) 『아비담마 길라잡이』 제2권 272P

이때 아는 마음에서 마음챙김·위빳사나·지혜가 각각의 역할을 한다고 이해할 수 있다.

즉 마음챙김은 대상에 깊이 들어간 상태, 대상을 거머쥔 상태이고, 위빳사나는 깊이 보는 것이고, 사라졌다고 관찰하는 것은 지혜로 이해할 수 있을 것이다.

여기서 사라졌다고 관찰하는 것이 바로 위빳사나의 지혜이다.

이러한 측면에서 볼 때는 마음챙김과 위빳사나는 분명히 구분된다.

불교 깨달음은 찰나지간에 일어나며, 위빳사나 수행 역시 찰나를 다투는 수행이다.

깨달음을 추구하는 위빳사나 수행자라면 이렇게 사띠(마음챙김)와 위빳사나를 분명히 이해하고 수행에 임해야 할 것이다.

2. 감각기능의 단속과 마음챙김

불교 수행은 불선법의 제거 혹은 불선법이 일어나지 않게 하는 것이다.

여기에 대한 구체적 방법은 다음과 같이 이해할 수 있다.

첫째는 감각기능을 단속하는 것이고, 감각기능의 단속을 마음 챙김을 통해 일어나게 하는 경우이다.

둘째는 본삼매에 드는 것이다.
본삼매는 극선업의 경지이며 선법만이 계속 일어나고 있는 경우이다.
수행자가 삼매에 들었다면 불선법으로부터 벗어난 경지이다.

감각기능의 단속은 이렇게 이해된다.
감각기능은 눈·귀·코·혀·몸·마노이다. 이러한 감각기능이 감각대상을 만났을 때 마음을 챙기지 않으면 불선법이 물밀듯이 밀려온다.

양귀비가 눈에 보이고, 양귀비의 소리가 들리고, 양귀비의 향기가 나고, 양귀비의 감촉이 들어올 때 마음을 단속하지 않는다면 그때는 탐욕의 마음이라는 불선법이 밀려들어 올 것이다.

이때 수행자는 감각기능의 문을 단속함으로써 불선법은 일어나지 않게 된다.

실참수행으로 본다면 양귀비는 형색이다.
형색은 눈의 문으로 들어온다. 이때 수행자가 '형색 | 아는 마음' 이렇게 구분한다면 아는 마음에서 마음챙김과 지혜가 일어

났기에 그때는 눈의 문이 단속된 것으로 이해된다.

이때 마음챙김의 특징이 나타난다. 마음챙김이 형색이라는 대상에 깊이 들어가고, 유익한 마음에만 반드시 일어나는 마음챙김으로 인해 마음은 보호된다. 그리고 그 대상으로 깊이 들어가는 순간 대상의 고유성질을 통찰하는 지혜 역시 같이 일어난다.

이렇게 해서 마음은 불선법으로부터 보호되고, 그로 인해 감각기능의 단속이 일어난다.

감각기능의 단속은 실참수행에서 이렇게 행하여진다.
소리가 들릴 때 마음을 소리라는 대상으로 향하게 하고 소리에 마음챙김을 확립한다. 이때가 바로 지혜롭게 마음에 잡도리함의 순간이다.
실참수행의 측면에서 보면 '소리 | 아는 마음'을 구분하는 것으로 나타난다.

이런 과정을 통해 '형색 | 아는 마음', '소리 | 아는 마음', '냄새 | 아는 마음', '맛 | 아는 마음', '딱딱함·부드러움 | 아는 마음', '따뜻함·차가움 | 아는 마음', '움직임·지탱함 | 아는 마음'으로 구분하면서 감각기능의 단속을 행하게 된다.

불교 수행의 시작점은 불선법이 일어났을 때 제거하는 것이고, 귀결점은 불선법이 일어나지 않게 하는 것이다.
 그 구체적 방법은 마음챙김의 확립을 통해 육문단속을 하는 것으로 시작된다.

 이 감각기능의 단속을 닦음으로써 수행자는 최종적으로 아래의 경에 나오는 경지에 이르게 되고 위빳사나 수행은 완성되게 된다.

 4. "아난다여, 그러면 성자의 율에서는 어떻게 위없는 감각기능을 닦는가?
 아난다여, 여기 비구가 눈으로 형색을 보고 마음에 드는 것이 일어나고, 마음에 들지 않는 것이 일어나고, 마음에 들기도 하고 마음에 들지 않기도 한 것이 일어난다. 그는 이와 같이 꿰뚫어 안다.
 '나에게 마음에 드는 것이 일어났고, 마음에 들지 않는 것이 일어났고, 마음에 들기도 하고 마음에 들지 않기도 한 것이 일어났다. 이것은 형성되었고 거칠고 조건 따라 일어난 것이다. 그러나 이것은 고요하고 이것은 수승하나니 그것은 바로 평온이다.
 그에게 일어난 마음에 드는 것과 마음에 들지 않는 것과 마음에 들기도 하고 마음에 들지 않기도 한 것은 그에게서 소멸하고 평온이 확립된다.
 아난다여, 마치 눈 있는 사람이 눈을 떴다가는 감고 감았다가는 뜨는 것과 같이 그렇게 빠르게 그렇게 신속하고 그렇게 쉽게,

그에게 어떤 것이 일어나건, 그것이 마음에 드는 것이건, 마음에 들지 않는 것이건, 마음에 들기도 하고 마음에 들지 않기도 한 것이건, 그것은 그에게서 소멸하고 평온이 확립된다.

아난다여, 이것이 성자의 율에서 눈으로 인식되는 형색들에 대해 위없는 감각기능을 닦는 것이다."

「감각기능을 닦음 경」(M152 §4)

3. 사념처

네 가지 마음챙김의 확립인 사념처 수행은 대상을 신·수·심·법(身受心法, 몸·느낌·마음·심리현상)이라는 4가지로 나누고, 이 대상에 대해 마음챙김의 숙달, 원인과 조건의 통찰, 무상·고·무아의 통찰, 부정의 관찰 등을 닦아 나가는 수행으로 이해할 수 있다.

이러한 수행을 통해 상락아정(常樂我淨)이라는 전도된 인식을 척파하고 그것을 조건으로 열반을 실현하는 것이 사념처 수행의 목적이고, 반야심경의 원리전도몽상(遠離顚倒夢想) 득구경열반(得究竟涅槃)과 궤를 같이한다고 볼 수 있을 것이다.

사념처 수행을 더 구체적으로 보게 되면 몸의 관찰, 느낌의 관찰, 마음의 관찰, 심리현상의 관찰이고 여기서 관찰의 대상은 몸은 14가지, 느낌은 1가지, 마음은 1가지, 심리현상은 5가지로 총 21/44가지 대상으로 다시 세분화된다.

수행자는 이러한 21/44가지 대상을 통해 사념처를 닦아 나간다.

위빳사나 수행자는 사념처를 닦기 전에 다음과 같은 전제조건을 분명히 해야 한다.

첫째는 대상이다.
몸의 관찰에서 14가지 대상 중의 하나는 네 가지 자세이다.
이 네 가지 자세가 수행자의 대상이라면, 그 대상을 분명히 함으로써 사념처 수행은 시작된다.
즉 가고 서고 앉고 눕고에 대한 대상을 분명히 알고 대상으로 확정하는 것이 첫 번째 단계이다.

둘째는 법으로의 해체이다.
이러한 대상을 법으로 해체해야 한다. 가고 서고 앉고 눕고는 개념적 존재이다.
이러한 개념적 존재를 현상으로 해체하면 법이 드러난다. 간다는 것은 바람의 요소라는 법과 몸의 암시라는 법이 두드러지게 드러나는 현상이다.
이렇게 개념에서 현상으로 대상을 바꾸는 것이 법으로의 해체이다.

이러한 해체와 법은 교학과 아비담마의 법수를 통해 꿰뚫어지고, 해체될 때 개념적 존재는 공한 것이 된다.

셋째는 원인과 조건을 꿰뚫는 것이다.

개념적 존재를 해체하면 법이 드러나고 법이 드러날 때 법과 법의 조건이 드러난다. 이러한 법들의 원인과 조건을 분명히 해야 한다.

이러한 원인과 조건 역시 교학과 아비담마의 법수를 통해 꿰뚫어진다.

넷째는 무상·고·무아의 통찰이다.

개념적 존재를 해체하면 법이 드러나고, 법이 드러날 때 법의 공상(共相)인 무상·고·무아는 드러난다.

공상으로 관찰하게 되면 위빳사나를 행한 것이 된다.

이렇듯 사념처 수행은 위빳사나 수행과 불가분의 관계로 나타난다.

네 가지 마음챙김의 확립인 사념처를 위빳사나 수행자는 이러한 전제를 가지고 닦아 나가야 할 것이다.

(1) 몸의 관찰

몸의 관찰 주제로 나타나는 것은 14가지이다.

그중에서 들숨날숨, 네 가지 자세, 분명하게 알아차림, 사대를 분석함은 몸의 관찰이면서 법체로는 물질의 관찰로 이해할 수 있고, 몸의 32가지 부위에 대한 혐오, 아홉 가지 공동묘지의 관찰은 부정의 관찰이라 이해할 수 있을 것이다.

사념처 수행에서 몸의 관찰을 이해하기 위해서는 아비담마의 물질을 이해해야 한다.

아비담마에서는 물질을 28가지로 분류하는데, 그중에서 대상의 물질 7가지와 감성의 물질 5가지, 암시의 물질은 몸의 관찰이라는 실참수행에서 중요하게 나타난다고 볼 수 있다.

몸의 관찰에서 마음챙김의 숙달, 원인과 조건을 꿰뚫어 보는 것, 무상·고·무아의 통찰은 아래의 대상으로 정리할 수 있다.

① 가고 서고 앉고 눕고
② 앞을 보고 돌아보고
③ 구부리고 펴고
④ 가사·발우·의복을 지닐 때
⑤ 먹고 마시고 씹고 맛보고
⑥ 대소변을 보면서
⑦ 잠들면서 잠을 깨면서
⑧ 말하면서 침묵하면서

① 가고 서고 앉고 눕고
◇ **마음챙김의 숙달 수행**
네 가지 자세는 하루 종일 일어난다.
수행자는 이 자세를 통해 마음챙김을 닦아 나간다.
'걷고 있다' '서 있다' '앉아 있다' '누워 있다' 이 네 가지 자세를 통해 마음챙김의 숙달을 닦는 수행은 실참수행에서는 이렇게 나타난다.

    걸을 때: 움직임 | 아는 마음
    서 있을 때: 지탱함 | 아는 마음
    앉아 있을 때: 지탱함 | 아는 마음
    누워 있을 때: 지탱함 | 아는 마음
    이렇게 구분하면서 마음챙김의 숙달을 닦아 나간다.

    여기서 다시
    걸을 때: 움직임 전체 | 아는 마음
    서 있을 때: 지탱함 전체 | 아는 마음
    앉아 있을 때: 지탱함 전체 | 아는 마음
    누워 있을 때: 지탱함 전체 | 아는 마음
    이렇게 관찰하면서 몸의 암시라는 물질을 관찰해 나간다.

    여기서 '움직임 전체'는 추상적 물질인 몸의 암시라는 법이고, '움직임 | 지탱함'은 구체적 물질인 바람의 요소라는 법이다.
    그리고 아는 마음은 대상에 마음챙김이 깊이 들어간 마음이다.
    수행자는 몸의 암시라는 물질과 바람의 요소라는 물질의 특징을 정확히 이해하고 그 대상에 마음챙김을 숙달시킨다.
    이러한 마음은 대상의 고유성질을 통찰하는 마음이기에 마음챙김과 지혜가 함께하는 마음이 된다.

◇ **원인과 조건을 보는 수행**

여기서 더 나아가서 원인과 조건을 봄으로써 네 가지 자세를 꿰뚫어 보게 된다.

걸으려는 마음의 작용을 조건으로 바람의 요소와 암시의 물질이 일어남을 관찰한다.

실참수행에서 '의도 | 움직임'으로 구분한다.

수행자가 이렇게 보게 될 때 여기서 '내가 걷는다.'라거나 '나에 의해서 걷는 것이 생긴다.'라는 어리석음은 사라진다. 의도를 조건으로 움직임이 일어나는 것, 즉 법과 법의 조건발생으로 이해하게 된다.

이렇게 관찰하는 것이 꿰뚫어 보는 것이요, 분명한 알아차림을 행한 것이 된다.

◇ **무상의 관찰**(위빳사나)

이러한 방법으로 걷고·서고·앉고·눕고를 관찰하다가 이제 자세의 변화를 통해 무상을 관찰한다.

걷다가 서면, 걸을 때 움직임은 사라졌다고 관찰한다.

서 있다가 앉으면, 서 있을 때의 지탱함은 사라졌다고 관찰한다.

앉아 있다가 누우면, 앉아 있을 때의 지탱함은 사라졌다고 관찰한다.

여기서 움직임·지탱함은 바람의 요소라는 물질이다. 이러한 관찰을 통해서 물질의 무상함을 관찰한다. 이때 무상의 관찰은 위빳사나의 지혜이다.

② 앞을 보고 돌아보고
◇ 마음챙김의 숙달 수행
본다는 것은 실참수행에서 '형색 | 아는 마음'으로 구분하여 관찰한다.
수행자가 대상을 볼 때 이렇게 '형색 | 아는 마음'으로 구분하게 되면, 그것은 형색이라는 대상의 특징을 아는 지혜와 마음챙김이 함께하는 마음이다. 이러한 방법으로 마음챙김을 숙달한다.

◇ 원인과 조건을 보는 수행
'형색 | 아는 마음'에서 형색은 대상이라는 조건이다. 이 대상이라는 조건의 힘으로 아는 마음이 일어난다.
이렇게 관찰하게 되면 앞을 보고 돌아보는 자는 없고, 본다는 것은 원인과 조건을 따라 생긴 것으로 알게 된다.
이렇게 관찰하는 것이 꿰뚫어 보는 것이요, 분명하게 알아차림을 행한 것이 된다.

그리고 이러한 꿰뚫음은 아비담마의 오문인식과정과 뒤따르는 의문인식과정을 이해할 때 가능하다는 점도 알아야 한다.

◇ **무상의 관찰**(위빳사나)

'형색 │ 아는 마음'에서 아는 마음이 형색은 사라졌다고 관찰하게 되면 그것은 무상의 관찰이다.

그리고 아는 마음들이 이어지는 의문인식과정을 이해하게 되면 형색에 대한 인식의 무상함도 관찰하게 된다.(Ⅷ. 위빳사나와 무상 참조)

③ 구부리고 펴고

◇ **마음챙김의 숙달 수행**

구부리고 펴고는 온종일 일어나는 몸의 형태이다.

이것은 법으로는 바람의 요소의 일어남이다. 실참수행에서는 '움직임·지탱함 │ 아는 마음'으로 구분하여 관찰한다.

이렇게 대상을 볼 때 '움직임 │ 아는 마음'으로 구분하게 되면 그것은 마음챙김이 깊이 들어간 마음이고 지혜가 일어난 마음이다.

◇ **원인과 조건을 보는 수행**

구부리고 펴고는 마음을 조건으로 일어나는 바람의 요소의 현현이다.

실참수행에서는 '의도 │ 움직임'으로 구분한다.

수행자가 구부리고 펼 때 '의도 │ 움직임'을 구분하게 되면 조건과 원인을 보게 된다.

의도를 조건으로 움직임이 일어날 뿐, 구부리고 펴는 자는 없는 것으로 관찰한다. 이렇게 보는 것이 꿰뚫어 보는 것이요, 분명한 알아차림을 행한 것이 된다.

◇ **무상의 관찰(위빳사나)**
'구부리고·펴고 | 아는 마음'으로 구분하게 되면, 구부릴 때 아는 마음으로 편 것의 사라짐을 보고, 펼 때는 펴는 것을 아는 마음으로 구부림이 사라짐을 본다. 이것이 바로 무상의 관찰이 된다. 이때 무상의 관찰은 위빳사나의 지혜이다.

구부리고 펴고는 법체로는 바람의 요소라는 물질이다.
지금 스마트폰의 자판을 두드린다면 수많은 구부림과 폄, 닿음, 즉 바람의 요소와 땅의 요소의 무상을 관찰할 수 있다.

④ **가사·발우·의복을 지닐 때**
◇ **마음챙김의 숙달 수행**
가사·발우·의복은 형색이라는 대상이다. 이것들을 지닐 때 '형색 | 아는 마음'으로 구분하여 관찰할 수 있고, 행위 즉 움직임을 보면서 관찰할 수 있다. 행위를 보게 되면 '움직임 | 아는 마음'으로 구분하게 된다.
이렇게 관찰하게 되면 마음챙김과 지혜가 함께하는 마음이 된다.

◇ **원인과 조건을 보는 수행**

가사·발우·의복을 보면서 '형색 | 아는 마음'으로 구분한다면 그것은 형색이라는 대상을 조건으로 아는 마음이 일어난 것이다.

원인과 조건을 보게 된다.

가사·발우·의복에 대한 행위를 보게 되면 '행위를 하려는 의도 | 움직임'을 보게 된다. 이것 역시 마음을 조건으로 움직임이라는 바람의 요소라는 물질이 일어나는 과정이다. 이렇게 보는 것이 '내'가 없는 것으로 꿰뚫어 보는 것이요, 분명한 알아차림을 행한 것이 된다.

◇ **무상의 관찰(위빳사나)**

가사·발우·의복을 지닐 때 형색의 무상과 마음의 무상과 물질의 무상을 관찰할 수 있다. 이때 무상의 관찰은 위빳사나의 지혜이다.

⑤ **먹고 마시고 씹고 맛보고**

◇ **마음챙김의 숙달 수행**

먹고 마시고 씹고 맛보고는 음식을 섭취할 때 일어나는 행위들이다.

이 행위들은 기본적으로는 움직임이다. 그리고 형색과 움직임과 맛이라는 대상으로 구분된다.

실참수행의 측면에서 보면 음식을 형색으로 보게 될 때 '형색 | 아는 마음'으로 구분하게 된다.

그리고 음식을 씹을 때는 입안에서 '움직임 | 아는 마음', '딱딱함·부드러움 | 아는 마음', 그리고 혀에서 '맛 | 아는 마음'으로 구분하여야 한다.

이렇게 구분하여 보는 것이 마음챙김이 대상이 깊이 들어간 상태이고 대상을 분명히 아는 지혜의 마음과 함께하는 마음이 된다.

◇ 원인과 조건을 보는 수행

음식을 보면서 먹고 싶다는 마음이 일어났다면, 그것은 형색이라는 대상을 조건으로 탐욕의 마음이 일어난 것이다.

수행자는 '형색 | 탐욕 | 아는 마음' 혹은 '형색 | 아는 마음'으로 관찰할 수 있다.

그리고 다시 그 마음을 조건으로 음식을 입으로 가져오고 씹는 움직임이 일어난다. 이것은 마음을 조건으로 움직임이 일어난 것이다.

이때 '탐욕(의도) | 움직임'을 관찰함으로써 원인과 조건을 보게 된다.

마찬가지로 음식의 맛을 보면서 먹고 싶다는 마음이 일어났다면, 그것은 맛이라는 대상을 조건으로 탐욕의 마음이 일어난 상태이다.

이때 수행자는 '맛 | 탐욕 | 아는 마음' 혹은 '맛 | 아는 마음'으로 관찰할 수 있다.

그리고 다시 그 맛을 조건으로 씹고자 하는 마음이 일어남을 관찰한다.

이때 '의도 | 움직임' 혹은 '탐욕 | 움직임'으로 관찰하게 된다.

이렇게 보게 되면 탐욕 등의 해로운 마음은 제거되고, 대상을 조건으로 마음이 일어나고 움직임이 일어날 뿐, 먹고 마시고 씹고 맛보는 자가 없는 것이 드러난다.

이렇게 관찰하는 것이 꿰뚫어 보는 것이요, 분명한 알아차림을 행한 것이 된다.

◇ 무상의 관찰(위빳사나)

'씹는 것 | 아는 마음', '맛 | 아는 마음'을 구분하면서 무상을 관찰한다.

씹는다는 것은 움직임의 연속이다. '씹는 것 | 아는 마음'을 통해 무상을 관찰한다. 그리고 입안에서 음식의 맛이 경험될 때 그때 '맛 | 아는 마음'을 구분하면서 무상을 관찰하게 된다. 이때 무상의 관찰은 위빳사나의 지혜이다.

⑥ 대소변을 보면서

"이 가운데 자아라는 어떤 것이 대소변을 보는 것이 아니다. 마음의 작용에서 생긴 바람의 요소의 움직임에 의해서 대소변을 보게 된다.

마치 종기가 곪아 터지면 나오려는 욕구 없이도 고름과 피가

흘러나오고 마치 물통이 가득 차면 나오려는 욕구가 없이도 물이 흘러나오듯이 똥과 오줌도 똥집과 오줌보에 모일 때 바람의 힘으로 밀려서 아무런 욕구 없이 흘러나온다. 그러나 이처럼 똥과 오줌이 나오지만 그것은 결코 그 비구 자신의 것도 아니고 남의 것도 아닌 단지 몸의 배설물일 뿐이다."[6]

⑦ 잠들면서 잠을 깨면서

⑧ 말하면서 침묵하면서

◇ **마음챙김의 숙달 수행**
말을 한다는 것은 물질이 일어나고 있는 과정이다.
즉 말의 암시라는 추상적 물질이 일어나고 있는 과정인 것이다.
몸의 암시와 말의 암시는 마음을 조건으로 일어나는 물질이다.
수행자는 말을 할 때 '의도 | 말의 암시라는 물질'을 관찰할 수 있다.
의도는 말을 하려는 마음이고, 말의 암시는 그 마음을 조건으로 일어난 물질이다.
이렇게 관찰하면 말하는 자는 없고, 나아가서 말하는 행위의 무상을 관찰하게 된다.

"그런데 말을 하면서 '이 소리는 참으로 입술과 이빨과 혀와

---

6) 『네 가지 마음챙기는 공부』 166p

입천장과 마음의 적절한 노력을 반연하여 생긴다'라고 마음챙기고 분명하게 알아차리면서 말하거나, 장시간 경전 공부를 하거나 설법을 하거나 명상주제를 외거나 질문에 대답하고 난 후에 침묵하면서 '말을 할 때에 일어난 정신·물질의 현상들은 이제 소멸되었다.'라고 숙고하면 이것을 '말함에 대한 분명한 알아차림'이라 한다.

침묵하면서 장시간 가르침이나 명상주제를 마음에 잡도리하고 난 후에 '침묵할 때에 일어난 정신·물질의 현상들은 이제 소멸되었다. 파생된 물질이 일어날 때 말한다라고 하고 그렇지 않으면 침묵한다.'라고 숙고하면 이것을 '침묵에 대한 분명하게 알아차림'이라 한다."[7]

① 가고 서고 앉고 눕고
② 앞을 보고 돌아보고
③ 구부리고 펴고
④ 가사·발우·의복을 지닐 때
⑤ 먹고 마시고 씹고 맛보고
⑥ 대소변을 보면서
⑦ 잠들면서 잠을 깨면서
⑧ 말하면서 침묵하면서

수행자는 이러한 주제들을 명확히 하고 평소에도 이러한 대상

---

[7] 『네 가지 마음챙기는 공부』 168p

들에 마음을 챙겨야 한다. 마음챙김이 숙달되면 위빳사나의 관찰은 자연스럽게 일어난다.

'행주좌와 어묵동정 대소변리 착의끽반'은 몸의 관찰의 주제이다. 이 주제를 통해 마음챙김의 숙달, 분명한 알아차림, 무상의 관찰을 닦게 되는 것이 사념처 수행이고, 이 수행이 바로 위빳사나로 이어지게 된다.

이러한 방법으로 몸의 관찰을 닦으면서 사념처는 위빳사나 수행의 완전한 체계임을 이해하고 사념처를 닦아 나간다.

다시 수행자는 몸의 32가지 부위에 대한 혐오, 아홉 가지 공동묘지의 관찰을 통해서 혐오와 절박함을 일으키는 수행을 한다.

아래의 32가지 부위를 외우면서 혐오를 일으킨다.
"머리털·몸털·손발톱·이빨·살갗·살·힘줄·뼈·골수·콩팥·염통·간·근막·지라·허파·큰창자·작은창자·위 속의 음식·똥·뇌·쓸개즙·가래·고름·피·땀·굳기름·눈물·[피부의] 기름기·침·콧물·관절활액·오줌"

부정한 인식은 몸의 32가지 몸의 형태를 외우고, 여기에 대한 혐오를 일으킴으로써 닦아 나간다.

공동묘지의 관찰은 혐오의 관찰과 죽음에 대한 절박감이라 할 수 있다.

절박감은 수행을 해 나가는 데 있어서 강력한 조건이 된다.

공동묘지를 관찰할 수 없다면 아래의 경을 통해서도 절박감을 일으킬 수 있을 것이다.

"9. 이렇게 말씀드리자 세존께서는 비구들에게 이렇게 말씀하셨다.

"비구들이여, 비구는 이와 같이 죽음에 대한 마음챙김을 닦는다. '참으로 나는 하루 밤낮밖에 살 수 없을지도 모른다. 세존의 교법을 마음에 잡도리하리라. 그러면 참으로 지은 것이 많을 것이다.'라고. 비구들이여, 다시 비구는 이와 같이 죽음에 대한 마음챙김을 닦는다.

'참으로 나는 하루 낮밖에 살 수 없을지도 모른다. 세존의 교법을 마음에 잡도리하리라. 그러면 참으로 지은 것이 많을 것이다.'라고

비구들이여, 다시 비구는 이와 같이 죽음에 대한 마음챙김을 닦는다.

'참으로 나는 한 번 밥 먹는 시간밖에 살 수 없을지도 모른다. 세존의 교법을 마음에 잡도리하리라. 그러면 참으로 지은 것이 많을 것이다.'라고."

「죽음에 대한 마음챙김 경1」 (A6:19)

(2) 느낌, 마음, 심리현상의 관찰

위빳사나 수행자는 거친 물질의 관찰로부터 시작하여 정신을 관찰해 나간다. 이러한 과정이 몸의 관찰을 시작으로 느낌, 마음, 심리현상의 관찰로 이어지는 과정으로 이해된다.

사념처에서 느낌, 마음, 심리현상의 관찰은 정신의 관찰이다.

① 느낌의 관찰

불교 수행에서 가장 중요한 대상 중의 하나가 바로 느낌이다.

느낌은 생생하게 경험되는 법이므로 정신의 관찰에서 가장 중요하게 다뤄져야 한다.

느낌은 다섯 가지로 나타난다.
① 즐거움 ② 고통 ③ 기쁨 ④ 불만족 ⑤ 평온이다.

즐거움과 고통은 육체적인 느낌이고, 이 느낌은 유익하거나 해로운 업의 과보로 나타나며 수행자에게 즉각적으로 생생하게 경험되는 법이다.

기쁨, 불만족은 정신적 느낌이다.

평온은 중립적인 느낌이고 정신적인 느낌이다.

이러한 느낌은 실참수행에서 이렇게 나타난다.

◎ **육체적 즐거운 느낌**

양귀비의 손을 통해 부드러움 혹은 따뜻함이 몸에 닿는다. 이때 수행자는 기분이 좋음을 느끼게 된다. 이때 기분 좋음이 즐거운 느낌이고 대상은 땅의 요소, 불의 요소가 두드러진다.

이 즐거운 느낌을 단속하지 않으면 마음은 탐욕으로 넘어간다.

◆ 마음챙김의 숙달 수행

실참수행에서 수행자가 '부드러움 | 즐거운 느낌 | 아는 마음'이라고 구분하게 될 때 부드러움이라는 땅의 요소라는 대상과 즐거운 느낌이라는 대상을 간택할 수 있다.

이때 둘 중 하나의 대상을 명확히 했다면 그것은 마음챙김과 지혜와 함께하는 마음이 된다. 이 마음챙김이 대상에 깊이 들어간 마음은 감각기능이 단속된 마음이고, 이 마음이 숙달될 때 두 번째 화살에 맞지 않게 된다.

◆ 원인과 조건을 보는 수행

그리고 '부드러움 | 즐거운 느낌 | 아는 마음'을 보면서 대상을 조건으로 느낌이 일어났고, 단지 느낌이 느낄 뿐이라고 관찰하게 되면 그것은 느낌을 꿰뚫어 아는 것이 된다.

육체적 즐거운 느낌은 과보의 마음이고, 그것은 내가 일으키는 것이 아니라 조건발생으로 일어난다고 꿰뚫어 안다.

◆ 무상의 관찰(위빳사나)

'부드러움 | 즐거운 느낌 | 아는 마음'에서 아는 마음이 느낌이 사라졌다고 보게 되면 무상의 관찰이 된다. 이때 무상의 관찰

이 위빳사나의 지혜이다.

◎ 육체적 괴로운 느낌
◆ **마음챙김의 숙달 수행**
　돌부리에 발이 걸리면 괴로운 느낌이 일어난다. 이때 괴로운 느낌을 단속하지 못하면 마음은 성냄으로 넘어간다.
　실참수행에서 수행자가 '딱딱함 | 괴로운 느낌 | 아는 마음'이라고 구분하게 될 때 딱딱함이라는 땅의 요소라는 대상과 괴로운 느낌이라는 대상을 간택할 수 있다.

　이때 둘 중 하나의 대상을 명확히 했다면 그것은 마음챙김과 지혜와 함께하는 마음이 되면서 감각기능은 단속되고, 성냄이라는 두 번째 화살에 맞지 않게 된다.

◆ **원인과 조건을 보는 수행**
　그리고 '딱딱함 | 괴로운 느낌 | 아는 마음'을 보면서 대상을 조건으로 느낌이 일어났고, 단지 느낌이 느낄 뿐이라고 관찰하게 되면 그것은 느낌을 꿰뚫어 아는 것이 된다.
　육체적 괴로운 느낌은 과보의 마음이고, 그것은 내가 일으키는 것이 아니라 조건발생으로 일어난다고 꿰뚫어 안다.

◆ **무상의 관찰(위빳사나)**
　'딱딱함 | 괴로운 느낌 | 아는 마음'에서, 아는 마음이 느낌을 사라졌다고 보게 되면 무상의 관찰이 된다. 이때 무상의 관찰이

위빳사나의 지혜이다.

◎ 정신적 기쁨

원하는 대상을 경험할 때 기쁨은 일어난다.

양귀비를 보면 기쁨이 일어난다. 이때의 느낌이 정신적 기쁨이다.

◆ 마음챙김의 숙달

실참수행에서는 '형색 | 기쁨 | 아는 마음'으로 구분할 수 있다.

아는 마음이 기쁨을 대상으로 한다면 그것은 느낌을 대상으로 한 것이고, 느낌이라는 대상에 마음챙김과 지혜를 확립한 것이다.

이때 마음챙김으로 기쁨이라는 느낌의 대상에 깊이 들어간다면 탐욕으로 넘어가지 않는다.

◆ 원인과 조건을 보는 수행

그리고 '형색 | 기쁨 | 아는 마음'을 보면서 대상을 조건으로 느낌이 일어났고, 단지 느낌이 느낄 뿐이라고 관찰하게 되면 그것은 느낌을 꿰뚫어 아는 것이 된다.

◆ 무상의 관찰(위빳사나)

'형색 | 기쁨 | 아는 마음'에서 아는 마음이 기쁨이 사라졌다고 보게 되면 무상의 관찰이 된다. 이때 무상의 관찰이 위빳사나의 지혜이다.

12연기의 측면에서 보면 느낌을 느끼는 특징, 즉 고유성질로 관찰하든지, 무상으로 관찰한다면 느낌에서 갈애로 넘어가지 않게 된다.

◎ 정신적 불만족
  원하지 않는 대상을 경험할 때 불만족은 일어난다.
  더러운 토사물을 보면 불만족이 일어난다. 이때의 느낌이 정신적 불만족이다.

◆ 마음챙김의 숙달
  실참수행에서는 '형색 | 불만족 | 아는 마음'으로 구분할 수 있다.
  아는 마음이 불만족을 대상으로 한다면 그것은 느낌을 대상으로 한 것이고 느낌에 마음챙김과 지혜를 확립한 것이다.
  이때 마음챙김으로 불만족이라는 느낌의 대상에 깊이 들어간다면 성냄으로 넘어가지 않는다.

◆ 원인과 조건을 보는 수행
 그리고 '형색 | 불만족 | 아는 마음'을 보면서 대상을 조건으로 느낌이 일어났고, 단지 느낌이 느낄 뿐이라고 관찰하게 되면 그것은 느낌을 꿰뚫어 아는 것이 된다.

◆ 무상의 관찰(위빳사나)
  '형색 | 불만족 | 아는 마음'에서 아는 마음이 불만족이 사라

졌다고 보게 되면 무상의 관찰이 된다. 이때 무상의 관찰이 위빳사나의 지혜이다.

12연기의 측면에서 보면 느낌의 느끼는 특징, 즉 고유성질로 관찰하든지, 무상으로 관찰한다면 느낌에서 갈애로 넘어가지 않게 된다.

◎ 평온

평온은 중립적인 느낌이다.

즐거운 느낌이나 괴로운 느낌이 없으면 마음은 어리석음에 빠지기 쉽다.

이때 수행자는 대상을 찾지 못하는 마음인 어리석음에 뿌리박은 마음이 일어났는지 관찰할 수 있다.

현재 대상을 모르고 있다면 그것은 아비담마의 12번째 해로운 마음인 '평온이 함께하고 들뜸과 결합된 마음'일 확률이 높다.

수행자는 이 마음을 통해 평온의 느낌을 유추해 볼 수 있을 것이다.

위빳사나 수행에 있어서 느낌은 강한 대상이다.

수행자는 육체적 정신적 느낌을 이해하고 경험해 나감으로써 사념처 수행의 느낌의 관찰을 해 나간다.

② 마음의 관찰

아비담마에서는 마음을 89/121가지 마음으로 구분한다.

위빳사나 수행자에게는 출세간 마음을 제외한 마음들이 마음 관찰의 대상이 된다.

실참수행의 입장에서 보면 탐욕의 마음과 성냄의 마음 혹은 마음챙김이 함께하는 유익한 마음이 두드러진 대상이 될 것이다.

◆ 마음챙김의 숙달 수행
 기분 나쁜 소리를 들으면 성냄이 일어난다.
 이때 '성냄의 마음 | 아는 마음'으로 구분하게 되면 성냄의 마음이라는 대상에 마음챙김이 깊이 들어간 상태이다. 이 순간 성냄의 마음 자리에 마음챙김과 지혜가 함께하는 유익한 마음이 일어난다.

◆ 원인과 조건을 보는 수행
 성냄의 마음은 대상을 조건으로 일어난다.
 소리라는 조건으로 성냄의 마음이 일어나는데 이것은 대상을 조건으로 일어난 마음이다.
 실참수행의 측면에서 보면 '소리 | 성냄의 마음 | 아는 마음'으로 구분된다.

이때 성냄의 마음에 마음챙김이 들어가게 되면 성냄은 사라진다. 성냄의 마음 자리에 마음챙김과 지혜가 일어나기 때문이다.
 이때 '소리 | 성냄의 마음 | 아는 마음'에서, 아는 마음이 대상

을 조건으로 보게 되면 마음을 꿰뚫어 아는 것이 된다.

◆ 무상의 관찰(위빳사나)

'성냄의 마음 | 아는 마음'에서 아는 마음이 일어난 순간은 사실상 성냄의 마음이 사라진 순간이다. 이때 아는 마음이 성냄의 마음이 사라졌다고 관찰하면 무상을 관찰한 것이 된다. 이때 무상의 관찰이 위빳사나의 지혜이다.

사념처에서 나타나는 마음의 관찰은 이렇게 이해할 수 있다.
성냄의 마음이 일어나면 그것은 불선법이다. 그러나 그 불선법을 대상으로 마음챙김이 일어난다면 그것은 유익한 마음이 된다.

대상을 찾지 못하는 어리석은 마음은 불선법이다. 그러나 그러한 마음이 일어났다고 아는 순간 그 아는 마음은 유익한 마음이 된다.

이러한 마음의 관찰에서 수행자가 우선적으로 알아야 하는 것은 아비담마 89가지 마음에 대한 이해이다.
89가지 마음을 이해함으로써 마음 관찰 수행을 닦을 수 있고, 이 마음의 관찰은 즉각적으로 위빳사나 수행에 적용된다.
이렇게 아비담마가 사념처에 대한 위빳사나 수행으로 이어지는 과정임을 수행자는 알아야 한다.

③ **심리현상의 관찰**

심리현상의 관찰은 법의 관찰로 나타난다.

법의 관찰에서 주제는 (1) 장애를 파악함 (2) 무더기를 파악함 (3) 감각장소를 파악함 (4) 칠각지를 파악함 (5) 진리를 파악함으로 나타난다.

이러한 주제들을 관찰하는 것이 심리현상이다.

위빳사나 수행자는 오개·오온·12처·칠각지·사성제에 대한 이론적 체계를 굳건히 하고, 이러한 법들을 아비담마의 법체계로 해체하고 관찰해 나가면 그것을 법의 관찰로 이해할 수 있을 것이다.

4. 사념처와 위빳사나

1-2. "비구들이여 이 길은 유일한 길이니 중생들의 청정을 위하고 근심과 탄식을 다 건너기 위한 것이며 육체적 고통과 정신적 고통을 사라지게 하고 옳은 방법을 터득하고 열반을 실현하기 위한 것이다. 그것은 바로 '네 가지 마음챙김의 확립(四念處)'이다."

「대념처경」(D22 §1-2)

불교 수행의 궁극적 목표인 깨달음과 열반을 실현하기 위한 유일하고 옳은 방법은 네 가지 마음챙김의 확립인 사념처로 나타난다.

즉 깨달음을 추구하는 수행자라면 사념처를 반드시 닦아야 한다는 의미이다.

"도와 과는 위빳사나 수행(vipassanā-bhāvanā)을 통해 얻어진다. 이런 수행은 통찰지의 기능[慧根, paññindriya]을 강하게 하는 것을 포함한다. 정신[名, nāma]과 물질[色, rūpa]의 변화를 지속적으로 주시함으로써 수행자는 이들의 특상(lakkhaṇa)인 무상하고[無常, anicca], 괴롭고[苦, dukkha], 자아가 없음[無我, anatta]을 꿰뚫어 알게 된다. 이런 위빳사나(vipassanā)를 완전히 익히게 되면 출세간의 도와 과가 생겨나는 것이다."[8]

또한 위빳사나의 측면에서 보면 깨달음, 열반, 도와 과를 얻기 위해서는 무상·고·무아의 통찰인 위빳사나를 완전하게 닦아야 하는 것으로 나타난다.

이러한 맥락으로 볼 때 사념처와 위빳사나는 불가분의 관계에 있음을 알 수 있다.
위빳사나는 단계를 거치면서 지혜가 계발되는데, 이러한 지혜를 계발하기 위한 구체적 방법은 사념처를 통해서 이루어진다.

몸의 관찰이라는 사념처 수행에서도 알 수 있듯이 몸이라

---

8) 『아비담마 길라잡이』 제1권 189p

는 물질의 법을 대상으로 마음챙김을 숙달하고, 그 법의 원인과 조건을 꿰뚫어 알며, 그 법의 무상을 관찰하는 것으로 나타난다.

여기서 원인과 조건은 견청정과 도의청정으로 이해되고, 무상의 관찰은 생멸의 지혜로 이해된다.

이러한 과정들이 바로 위빳사나 수행의 단계이고, 이러한 과정들을 계속 반복함으로써 염오의 지혜라는 강한 위빳사나를 경험하게 되고 그것을 조건으로 도와 과는 일어나게 되는 것이다.

이러한 과정을 볼 때 위빳사나 수행은 사념처의 토대 위에서 이루어짐을 알 수 있고, 사념처는 위빳사나 수행의 완전한 체계로 이해되는 것이다.

위빳사나 수행자는 이러한 점을 분명히 이해하고 사념처를 닦고 위빳사나를 닦아 나가야 할 것이다.

VIII. 위빳사나와 무상

1. 무상과 찰나
2. 마음챙김과 무상 - 보면 사라진다
3. 형색과 소리의 무상을 어떻게 관찰할 것인가?

Ⅷ. 위빳사나와 무상

1. 무상과 찰나

 존재의 본질이라 할 수 있는 무상·고·무아를 꿰뚫는 것이 위빳사나 수행의 요체이다. 그중에서 무상의 관찰이 주를 이룬다.
 실참수행의 측면에서 보면 무상의 관찰은 법을 알고 인식과정을 이해할 때 깊어진다고 할 수 있다.

 무상을 본다는 것은 법의 고유성질과 찰나를 본 것으로 나타난다.
 소리가 들리는 순간은 소리라는 물질의 법이 일어난 순간이다.
 소리의 고유성질은 귀에 닿는 것이다. 귀에 닿고는 소리는 사라져버린다. 찰나적 존재이다.
 실참수행에서는 '소리 | 아는 마음'으로 나타난다고 할 수 있다.

 이러한 측면에서 무상을 본다는 것은 고유성질을 안 것이고, 고유성질은 일어나서는 사라져 버리기에 찰나를 본 것으로 이해되는 것이다.

 찰나는 물질찰나와 심찰나로 나누어지고 물질찰나는 심찰나보다 16배 더 길다고 청정도론은 적고 있다.

그리고 대상을 명확히 아는 단계는 속행과정에서 7번의 심찰나에서 일어난다고 아비담마는 적고 있다.

이러한 과정을 통해 유추해 볼 때 '소리 | 아는 마음'에서, 소리의 단계에서 일어나는 속행 7번의 과정이 소리의 고유성질을 아는 과정으로 이해할 수 있고, 아는 마음은 의문인식과정에 있는 속행 7번의 마음이라고 이해할 수 있다.

그리고 '소리 | 아는 마음'에서, 아는 마음이 소리가 사라졌다고 관찰하면 그것은 무상을 관찰한 지혜가 되는 것으로 이해할 수 있다.

소 리	아는 마음(마음챙김)
오문인식과정	의문인식과정

그리고 다시 수행자가 딱딱한 것을 가지고 손등을 찌르게 되면 '딱딱함 | 아는 마음'을 경험하게 된다.

딱딱함	아는 마음(마음챙김)
오문인식과정	의문인식과정

딱딱함은 땅의 요소라는 물질이다. 이 물질의 특징은 딱딱함·부드러움으로 나타난다. 즉 고유성질이 딱딱함이라는 것

이다.

  손등에 딱딱함을 경험하면 그것은 물질의 고유성질을 본 것이다. 딱딱함을 아는 것은 오문인식과정에서 속행의 과정이다.
  그리고 그것을 아는 마음은 앞의 오문인식과정에서 속행의 마음을 안 것으로 이해된다.

  여기서 아는 마음은 의문인식과정에서 일어나는 마음이고, 이 마음이 딱딱함이 사라졌다고 관찰하면 무상의 관찰이 된다.

  『아비달마구사론』 등에서는 찰나의 시간 단위는 물질은 1/75초로 나타난다고 적혀있다. 이 1/75초를 물질 찰나로 본다면 정신은 1/1,200초의 시간 단위로 이해할 수 있을 것이다.

  그러므로 실참수행의 측면에서 '소리 | 아는 마음', '딱딱함 | 아는 마음'의 구분을 통해 소리나 땅의 요소라는 물질을 1/75초로, 아는 마음인 정신을 1/1,200초로 유추해 볼 수 있을 것이다.

  이러한 과정에서 수많은 물질찰나와 심찰나들이 일어나고 있는데 이러한 찰나의 영역을 구분하고 명상하는 것은 일체지의 영역이라고 주석서는 적고 있다.

  위빳사나 수행자는 실참수행에서 고유성질을 경험하고, 그 고유성질의 사라짐을 보게 될 때 찰나에 대한 이해는 좀 더 분명해질 것으로 여겨진다.

그리고 이러한 시간 단위를 경전에 나타나는 수행의 가르침을 통해 본다면 다음과 같은 시간으로도 이해할 수 있을 것이다.

"아난다여, 마치 눈 있는 사람이 눈을 떴다가는 감고 감았다가는 뜨는 것과 같이 그렇게 빠르게 그렇게 신속하고 그렇게 쉽게, 그에게 어떤 것이 일어나건, 그것이 마음에 드는 것이건, 마음에 들지 않는 것이건, 마음에 들기도 하고 마음에 들지 않기도 한 것이건, 그것은 그에게 소멸하고 평온이 확립된다.
 아난다여, 이것이 성자의 율에서 눈으로 인식되는 형색들에 대해 위없는 감각기능을 닦는 것이다."

"아난다여, 마치 힘센 사람이 별 어려움 없이 손가락을 튀기듯이 그렇게 빠르게 그렇게 신속하고 그렇게 쉽게, 그에게 어떤 것이 일어나건, 그것이 마음에 드는 것이건, 마음에 들지 않는 것이건, 마음에 들기도 하고 마음에 들지 않기도 한 것이건, 그것은 그에게 소멸하고 평온이 확립된다.
 아난다여, 이것이 성자의 율에서 귀로 인식되는 소리들에 대해 위없는 감각기능을 닦는 것이다."
「감각기능을 닦음 경」(M152)

『맛지마 니까야』 마지막 경인 「감각기능을 닦음 경」에는 눈으로 형색을 보고 위빳사나를 행함에 있어서 그 속도는 눈을 깜박이는 것처럼 빠르게 행하여야 하고, 귀로 소리를 들을 때는 손가락 한번 튕기는 것처럼 빠르게 위빳사나를 행하라고 나타난다.

눈을 깜빡이는 데 걸리는 시간은 1/40초이고, 손가락 한번 튕기는 데 걸리는 시간은 눈 깜빡임보다 20배 빠르다고 한다.

이렇게 보면 손가락 튕기는 시간은 1/800초 정도로 나타난다.

결국 수행자는 1/75초와 1/1,200초라는 혹은 1/40초, 1/800초 정도의 시간 단위에서 무상을 관찰하게 됨을 유추할 수 있다.

지금 소리가 들리는 순간 귀로 마음을 잡도리하게 되면 걸리는 시간, 형색을 볼 때 형색과 아는 마음을 구분하면서 걸리는 시간, '딱딱함 | 아는 마음'을 구분할 때 걸리는 시간으로 보게 된다면 이러한 찰나의 객관적 시간에 대한 이해는 좀 더 명확해질 것으로 여겨진다.

위빳사나 수행자는 이러한 이해를 가지고 실참수행에서 무상의 관찰을 닦아 가야 할 것이다.

2. 마음챙김과 무상 - 보면 사라진다

불교 수행의 전부라 할 수 있는 마음챙김은 무상의 관찰과 불가분의 관계에 있다.

마음챙기는 순간이 바로 무상을 보게 되는 순간이다.

그 이유는 위빳사나에서 마음챙김의 대상이 되는 법은 앞 찰나의 법, 즉 사라진 법이 대상이 되기 때문이다.

청정도론에서는 마음챙김의 특징, 역할, 나타남, 가까운 원인을 다음과 같이 적고 있다.

마음챙김:
"[대상에] 깊이 들어가는 것을 특징으로 한다. 잊지 않는 것을 역할로 한다. 보호하는 것으로 나타난다. 혹은 대상과 직면함으로 나타난다. 강한 인식이 가까운 원인이다. 혹은 몸 등에 대한 마음챙김의 확립이 가까운 원인이다."

우선 마음챙김에 있어서 가장 중요한 것은 대상이다.
대상의 물질은 '형색 · 소리 · 냄새 · 맛 · 땅의 요소 · 불의 요소 · 바람의 요소'이다.

위빳사나 수행자가 대상의 물질에 마음챙김을 확립하고 있다면 그것은 대상과 아는 마음으로 구분되어야 할 것이다.
즉 '형색 | 아는 마음', '소리 | 아는 마음', '냄새 | 아는 마음', '맛 | 아는 마음', '단단함 | 아는 마음', '따뜻함 | 아는 마음', '움직임 · 지탱함 | 아는 마음'이다.

예를 들어 소리를 아는 마음이 일어났다면 여기서 소리는 대상이고 아는 마음은 소리에 마음챙김이 깊이 들어간 상태이다.

  소리가 들리는 순간 소리라는 대상에 마음챙김이 깊이 들어간다. 이것이 마음챙김의 특징이다. 그리고 그 역할로는 소리를 잊지 않는 역할을 한다.
  여기서 가장 중요한 것은 소리를 대상으로 하는 마음은 소리가 사라진 상태라는 것이다.
  즉 엄밀히 말하면 실참수행의 측면에서 보면 마음챙김의 대상은 과거의 대상인 것이다.

소 리	아는 마음(마음챙김)
오문인식과정	의문인식과정

  이 과정은 오문인식과정과 의문인식과정으로 이해할 수 있을 것이다.
  오문인식과정은 소리를 대상으로 한 상태의 마음 혹은 소리를 대상으로 가진 마음이다.
  의문인식과정에서의 마음챙김의 대상은 소리를 대상으로 가졌던 '과거의 마음'이다.

  이러한 인식과정을 실참수행의 측면에서 보게 되면 마음을 챙기는 순간은 소리라는 대상을 붙잡는 것처럼 그 소리에 깊이 들어간 것처럼 경험될 것이다.

그리고 그 사라짐을 관찰하는 무상의 지혜는 별개로 경험
된다.

이렇게 경험될 때 마음챙김의 특징, 역할은 분명히 드러나고,
무상의 지혜 역시 드러난다.

이 순간이 보면 사라지는 순간이고, 마음챙기는 순간이 무상
이 드러나는 순간이 된다고 할 수 있을 것이다.

사띠(마음챙김)는 불교 수행의 전부라 할 수 있는 용어이다.
이 용어에 대한 정확한 이해가 중요하다. 그리고 그 정확한 이
해가 실참수행에 적용됨이 바로 위빳사나 수행으로 이어짐을 수
행자는 반드시 알아야 한다.

특히 마음챙김의 특징, 역할, 나타남, 가까운 원인에 대한 충
분한 이해는 모든 수행에서 기본 덕목이 됨을 알아야 한다.

3. 형색과 소리의 무상을 어떻게 관찰할 것인가?

지금 이 순간 눈을 감았다가 눈을 뜨는데 그때 무엇인가 보인
다면 그것은 형색이라는 물질과 눈의 감성이 부딪힌 것이고 그
때 형색을 대상으로 오문인식과정이 일어났다고 할 수 있다.
그리고 형색은 과거의 표상과 비교하는 과정을 거치면서 이름

을 얻게 된다. 그것은 후속과정을 거치는 과정이다.

이러한 과정은 소리에도 적용된다.

"말소리를 따라 귀의 알음알이의 인식과정이 [일어나고]
곧바로 마노의 문[意門]의 영역이 일어난다.
그것을 뒤이어서 뜻들은 그다음에 알아진다.
이렇게 [생긴] 개념은
세상의 인습에 의해 만들어진 것이라고 알아야 한다."[9]

귀에 부딪히는 소리라는 물질에는 이름은 붙어있지 않지만, 특징·역할·나타남·가까운 원인으로 다음과 같이 드러난다.

특징: 귀에 부딪히는 특징
역할: 귀의 알음알이의 대상이 되는 역할
나타남: 귀의 알음알이의 영역으로 나타남
가까운 원인: 근본물질

이러한 소리의 무상을 관찰하는 것은 크게 두 가지로 볼 수 있다.

첫째는 고유성질과 무상의 관찰로 볼 수 있다.

---

9) 『아비담마 길라잡이』 제2권 261p

이 순간을 실참수행의 측면에서 본다면 소리가 들리는 순간을 지혜롭게 마음에 잡도리하게 되면 '소리'와 '아는 마음'이 구분된다. 이 순간이 정신·물질로 구분되는 순간이다.

그리고 이 순간 '소리 | 아는 마음'에서, '소리'는 오문인식과정이고 '아는 마음'은 의문인식과정으로 이해할 수 있다.

여기서 다시 실참수행의 측면에서 본다면 '소리 | 아는 마음'에서, 소리를 아는 것은 법의 고유성질을 안 것이라 할 수 있다.(소리의 특징은 귀에 부딪히는 것이다.) 그러므로 마음챙김과 지혜가 함께하는 마음이다.

그리고 다시 '소리 | 아는 마음'에서, '아는 마음'이 소리가 사라졌다고, 즉 무상이라고 관찰하게 되면 이것은 무상의 관찰이 된다. 여기서 관찰이 지혜이다.

수행자는 소리를 고유성질로 통찰하는 지혜, 소리는 사라졌다고 관찰하는 무상의 지혜, 소리를 조건으로 아는 마음을 관찰하는 조건의 지혜를 볼 수 있고, 이 지혜 중의 하나를 간택할 수 있고 그것은 택법각지에 비견될 수 있을 것이다.

이러한 과정을 다시 형색이라는 물질에 비유하면 이렇게 나타난다.
'형색 | 아는 마음'에서, 아는 마음은 의문인식과정이다.

이 과정에서 형색은 마노에서 재생되어서 최소 7번의 의문인식과정(후속과정)을 거치는데 이 과정에서 수행자는 형색을 통해 인식의 무상함을 관찰할 수 있다.

① 형색을 마노의 문에서 재생하는 과정
② 전체적으로 파악하는 과정
③ 색깔을 주시하는 과정
④ 형태를 파악하는 과정
⑤ 형태를 인식하는 과정
⑥ 이름을 파악하는 과정
⑦ 이름을 인식하는 과정

즉 형색은 오문인식과정의 대상으로 나타나고 의문인식과정에서는 사라진 대상이기에 무상한 것이고, 의문에서 재생되는 형색이 인식과정에서 표상화되고 비교되면서 생멸하기에 인식이 무상한 것으로 이해할 수 있는 것이다.

이 찰나의 과정은 위빳사나 수행의 제일 중요한 부분인 멸괴지와 그 궤를 같이한다.

청정도론의 무너짐을 관찰하는 지혜(멸괴지)에서 무상의 관찰은 다음과 같이 나타난다.[10]

---

10) 『청정도론』 제3권 제21장 §12~13

"(1) 물질을 대상으로 가졌기 때문에 마음은 일어났다가 부서진다:

물질을 대상으로 가진 마음은 일어났다가 부서진다. 혹은 물질을 대상으로 한 상태에서 마음은 일어났다 부서진다.

※ 이 부분이 실참수행에서 '대상 7가지[색·성·향·미·촉(=지·화·풍)] | 아는 마음'에서 '대상 7가지'이고 오문인식과정으로 이해할 수 있다.

(2) 그 대상을 깊이 숙고한 다음:

그 물질인 대상을 깊이 숙고한 뒤, 알고서 부서지는 것으로 사라지는 것으로 보고서라는 뜻이다.

※ 이 부분이 실참수행에서 '대상 7가지 | 아는 마음'에서 '아는 마음'이다.

(3) 그 마음이 무너짐을 관찰한다:

물질인 대상을 부서지는 것으로 사라지는 것으로 본 그 마음이 무너짐을 다른 마음으로 관찰한다는 뜻이다."

※ '대상 7가지 | ② 아는 마음 | ③ 아는 마음'에서 '③번 아는 마음'이 '②번 마음'을 사라졌다고 관찰.

오문인식과정을 통해서 보게 되면 대상의 물질이 사라지는 것을 심찰나는 알 수가 없는 것으로 나타난다.

즉 수행자가 물질을 무상하다고 보는 것은 물질을 대상으로 가진 마음 혹은 물질을 대상으로 한 상태의 마음의 사라짐을 보는 것이다.

위빳사나에서 무상의 관찰은 법을 대상으로 한다.
법이란 무엇인가?
법은 고유성질을 가진 것, 찰나적 존재이다.
고유성질은 현상의 특징을 뜻하고, 찰나는 일어나고 사라짐을 뜻한다.
수행자가 고유성질을 통해 찰나를 경험하게 되면 그것이 무상의 관찰이 된다.

그리고 무상의 관찰은 물질찰나와 심찰나의 인식과정을 이해할 때 더 분명해진다.
그리고 이러한 이해는 아비담마의 법체계를 이해할 때 가능하다.

결국 위빳사나 수행의 요체가 되는 무상의 관찰 역시 아비담마의 토대 위에서 이루어지기에, 아비담마가 위빳사나요 위빳사나가 아비담마라는 명제를 벗어날 수 없게 된다.

필자는 위빳사나 수행에서 요체가 되는 무상을 이러한 관점을 가지고 이해하고 있다.

IX. 위빳사나 수행의 단계 - 1

1. 계청정
2. 마음청정
3. 견청정과 유신견
4. 도의청정(의심을 극복함에 의한 청정)

IX. 위빳사나 수행의 단계 - 1

1. 계청정

위빳사나 16단계에서 그 첫 번째 단계는 계청정이고, 두 번째 단계는 마음청정이다.
불교 수행에 있어서 계청정과 마음청정은 나무의 뿌리와 같은 것이다.
계청정을 조건으로 마음이 청정해지고, 마음청정을 조건으로 계행이 청정해지기에 이 둘은 사실상 동시에 닦아 나가는 것으로 이해된다.

재가자는 5계를 지킴으로써, 출가자는 비구계 · 비구니계를 지킴으로써 계행을 닦아 나간다.

계행은 삼가는 것이다. 즉 하지 않으면 되는 것이다.
실참수행의 측면에서 보면 마음챙김을 통해서 삼가고 단속하는 것이 가장 실천적이라 할 수 있을 것이다.

모기에게 물리는 순간 즉각적인 반응을 한다면 살생(殺生)으로 이어진다.
그러나 모기에 물리는 순간 마음챙김으로 단속을 하게 되면 살생은 일어나지 않게 된다.

모기에게 물리는 순간 괴로운 느낌이 일어난다. 이때 느낌이라는 대상에 마음챙김을 확립한다. '느낌 | 아는 마음'이다.

대상에 마음을 묶어버리는 순간 마음은 불선법(성냄)으로 확장되지 않고, 그 찰나에 함께 일어난 의도, 절제, 정진, 지혜 등의 마음부수법들의 역할을 통해 불살생(不殺生)이라는 계행을 실천하게 된다.

마음챙김이 대상에 확립될 때 계행의 실천은 가능하다.

이러한 방법으로 원하고 좋아하는 대상을 만나더라도, 대상에 마음챙김을 확립하고 정진과 지혜가 일어나면 주지 않은 것을 가지거나, 삿된 음행이라는 계 등을 파하는 행위를 하지 않게 된다.

수행자는 마음챙김을 통한 단속을 통해서 이렇게 계행을 닦아 나간다.

청정도론에 다음과 같은 글이 적혀있다.
깨달음을 목표로 하는 위빳사나 수행자라면 이러한 마음을 가지고 계를 지켜야 할 것이다.

"99. 숲에서 도적들에게 묶였던 장로의 일화를 여기서 알아야 한다.
마하왓따니 숲에서 도적들이 장로를 검은 생 넝쿨로 묶은 뒤 누워있게 했다. 장로는 누운 채 칠 일 동안 위빳사나를 증장하

여 불환과를 증득한 뒤, 그곳에서 입적하여 범천의 세계에 태어
났다.

땀바빤니섬에서는 [도둑들이] 다른 장로를 생 넝쿨로 묶은 뒤 누워있게 했다. 산불이 났을 때 넝쿨을 끊지 않고 오직 위빳사나를 확립하여 번뇌를 끊고 아라한이 됨과 동시에 완전한 열반에 들었다.

『장부』를 암송하던 아바야 장로가 오백 명의 비구들과 함께 지나가다가 그것을 보고 장로의 시신을 화장하여 탑을 만들게 했다. 그러므로 다른 신심 있는 선남자도, 계목을 청정하게 유지하면서 차라리 목숨을 버릴지언정 세상의 주인이 제정하신 계의 단속을 파하지 말지어다." [11]

* 비구가 살아 있는 식물을 끊는 것은 단타죄(單墮罪)를 범하기 때문이다.

무슨 목적 경(A10:1)

1. 이와 같이 나는 들었다. 한때 세존께서는 사왓티에서 제따 숲의 급고독원에 머무셨다. 그때 아난다 존자가 세존께 다가갔다. 가서는 세존께 절을 올리고 한 곁에 앉았다. 한 곁에 앉은 아

---

[11] 『청정도론』 제1권 제1장 §99

난다 존자는 세존께 이렇게 말씀드렸다.

"세존이시여, 유익한 계들의 목적은 무엇이고, 이익은 무엇입니까?"

"아난다여, 유익한 계들의 목적은 후회 없음이고, 이익도 후회 없음이다."

"세존이시여, 그러면 후회 없음의 목적은 무엇이고, 이익은 무엇입니까?"

"아난다여, 후회 없음의 목적은 환희고, 이익도 환희다."

"세존이시여, 그러면 환희의 목적은 무엇이고, 이익은 무엇입니까?"

"아난다여, 환희의 목적은 희열이고, 이익도 희열이다."

"세존이시여, 그러면 희열의 목적은 무엇이고, 이익은 무엇입니까?"

"아난다여, 희열의 목적은 편안함이고, 이익도 편안함이다."

"세존이시여, 그러면 편안함의 목적은 무엇이고, 이익은 무엇입니까?"

"아난다여, 편안함의 목적은 행복이고, 이익도 행복이다."

"세존이시여, 그러면 행복의 목적은 무엇이고, 이익은 무엇입니까?"

"아난다여, 행복의 목적은 삼매이고, 이익도 삼매이다."

"세존이시여, 그러면 삼매의 목적은 무엇이고, 이익은 무엇입니까?"

"아난다여, 삼매의 목적은 있는 그대로 알고 봄[如實知見]이고, 이익도 있는 그대로 알고 봄이다."

"세존이시여, 그러면 있는 그대로 알고 봄의 목적은 무엇이고, 이익은 무엇입니까?"

"아난다여, 있는 그대로 알고 봄의 목적은 염오(厭惡)와 탐욕의 빛바램[離慾]이고, 이익도 염오와 탐욕의 빛바램이다."

"세존이시여, 그러면 염오와 탐욕의 빛바램의 목적은 무엇이고, 이익은 무엇입니까?"

"아난다여, 염오와 탐욕의 빛바램의 목적은 해탈지견이고, 이익도 해탈지견이다."

2. "아난다여, 이와 같이 유익한 계들의 목적과 이익은 후회 없음이다. 후회 없음의 목적과 이익은 환희다. 환희의 목적과 이익은 희열이다. 희열의 목적과 이익은 편안함이다. 편안함의 목적과 이익은 행복이다. 행복의 목적과 이익은 삼매다. 삼매의 목적과 이익은 있는 그대로 알고 봄[如實知見]이다. 있는 그대로 알고 봄의 목적과 이익은 염오(厭惡)와 탐욕의 빛바램[離慾]이다. 염오와 탐욕의 빛바램의 목적과 이익은 해탈지견이다. 아난다여, 이와 같이 유익한 계들은 점점 으뜸으로 나아간다."

2. 마음청정

위빳사나 16단계에서 두 번째 단계는 마음청정이다.

불교 수행에 있어서 계청정과 마음청정은 나무의 뿌리와 같은 것이다.

마음청정을 조건으로 계행이 청정해지고, 계청정을 조건으로 마음이 청정해지기에 이 둘은 사실상 동시에 닦아 나가는 것으로 이해된다.

마음청정은 삼매와 동의어로 나타난다.
그리고 팔정도의 바른 삼매는 초선·제2선·제3선·제4선으로 경에 나타난다.

깨달음을 추구하는 수행자는 팔정도를 닦는 자이기에 삼매는 반드시 닦아 나가야 하고, 바른 삼매인 초선의 경지에 이르도록 해야 한다.

위빳사나 수행자에게 삼매를 닦는 방법은 크게 두 가지로 나타난다고 볼 수 있다.

첫 번째는 사마타의 명상주제를 가지고 삼매를 닦아 나간다. 그리고 바른 삼매인 초선·제2선·제3선·제4선을 증득 후 위빳사나를 닦아 나간다.
이들을 사마타 수행자라고 한다.

둘째는 순수 위빳사나 수행자이다.
이들은 사마타를 닦지는 않지만 사념처를 닦음으로써 찰나삼매를 닦아 나가는 것이고, 찰나삼매는 본삼매와 필적한 것으로 여겨지기에 삼매를 닦는 것으로 이해되는 수행자들이다.

그 경전적 근거는 다음과 같다.

24. "그러면 여래는 더 나아가 그를 다음과 같이 훈련시킨다. '오라, 비구여. 그대는 몸에서 몸을 관찰하면서 머물고 몸과 관련된 생각을 일으키지 마라. 느낌에서 느낌을 관찰하면서 머물고 느낌과 관련된 생각을 일으키지 마라. 마음에서 마음을 관찰하면서 머물고 마음과 관련된 생각을 일으키지 마라. 법에서 법을 관찰하며 머물고 법과 관련된 생각을 일으키지 마라.'"

25. "그는 일으킨 생각[尋]과 지속적 고찰[伺]을 가라앉혔기 때문에 [더 이상 존재하지 않고], 자기 내면의 것이고, 확신이 있으며, 마음의 단일한 상태이고, 일으킨 생각과 지속적 고찰은 없고, 삼매에서 생긴 희열과 행복이 있는 제2선(二禪)을 구족하여 머문다. … 제3선을 … 제4선을 구족하여 머문다."

「길들임의 단계 경」(M125 §24)

"존자들이여, 여기 비구는 안으로 몸에서 몸을 관찰하며[身隨觀] 머뭅니다. 세상에 대한 욕심과 싫어하는 마음을 버리면서 근면하게, 분명히 알아차리고 마음챙기는 자 되어 머뭅니다. 그는 안으로 몸에서 몸을 관찰하며 머물면서 바르게 삼매에 들고 고요하게 됩니다. 그는 바르게 삼매에 들고 고요하게 되어 밖으로 남의 몸에 대해서 지와 견을 가지게 됩니다."

「자나와사바 경」(D18 §26)

위의 경들을 통해서 사념처를 닦고 있는 수행자는 삼매를 닦는 것으로 나타나고, 사념처의 경지와 배대(대응)되는 것으로 나타난다.

이러한 점을 볼 때 순수 위빳사나 수행자도 사념처를 닦음으로써 바른 삼매를 닦고 있는 것이 되고, 사념처가 깊어지면 사념처를 닦는 한 찰나의 순간이 본삼매의 경지와 필적하는 찰나삼매가 일어난 것으로 간주된다.

그러므로 이러한 삼매의 힘으로 순수 위빳사나 수행자도 도의 순간에 팔정도의 바른 삼매를 완성시키는 것으로 이해되는 것이다.

결론을 말하면 사마타의 주제를 통해 삼매를 닦고 있는 사마타 수행자도 마음청정을 닦고 있는 것이 되고, 사념처를 닦아 나가는 순수 위빳사나 수행자도 마음청정을 닦아 나가고 있는 것이 된다.

순수 위빳사나 수행자들은 사념처를 닦음으로써 위빳사나 두 번째 단계인 마음청정을 닦고 있는 것, 즉 바른 삼매를 닦고 있는 것으로 알아야 한다.

그리고 다음의 비유를 통해 삼매는 자기 성질로는 대상에 하나 된 상태로서 집중할 수 없고, 마음챙김과 정진의 도움이 있을 때 삼매는 성취됨을 알아야 한다.

"97. 여기서 비유를 든다. '축제를 벌이자'라고 하면서 세 친구가 정원에 들어갔을 때 한 친구가 꽃이 활짝 핀 짬빠까 나무를 보고 손을 뻗쳐서 꺾으려 해도 꺾을 수 없었다. 그때 두 번째 친구가 등을 구부려 주었다. 그는 그의 등에 올라섰지만 불안정하여 꽃을 꺾을 수 없었다. 그때 세 번째 친구가 어깨를 대주었다. 그는 한 친구의 등에 올라서서 다른 친구의 어깨를 잡고 마음껏 꽃을 꺾어 치장을 하고 축제를 벌였다. 이 비유는 다음과 같이 적용됨을 알아야 한다.

98. 바른 정진 등 함께 태어난 세 가지 법들은 함께 정원으로 들어간 친구와 같다. 대상은 활짝 핀 짬빠까 나무와 같다. 자기의 성질만으로는 대상에 하나 된 상태로 집중할 수 없는 삼매는 손을 뻗쳐서도 꺾을 수 없는 사람과 같다. 정진은 [자기 등에 올라서도록] 등을 구부려준 친구와 같다. 마치 그중에서 한 사람의 등에 올라서서 다른 사람이 어깨를 잡고 또 다른 사람이 원하는 만큼 꽃을 꺾을 수 있듯이 정진이 노력을 하고 마음챙김이 대상에 깊이 들어가는 역할을 할 때 그 도움을 받아 삼매는 대상에 하나 된 상태로 집중할 수 있다. 그러므로 오직 삼매만이 여기서 같은 종류이기 때문에 삼매의 무더기에 포함되었다. 그러나 정진과 마음챙김은 역할로 포함되었다."[12]

---

12) 『청정도론』제2권 제16장 §97, 98

3. 견청정과 유신견

위빳사나 수행에 있어서 그 시작점은 견청정이라 할 수 있다.
견청정은 얕은 위빳사나의 단계이고, 위빳사나 16단계로 본다면 세 번째 단계이다.

위빳사나 수행자는 견청정이라는 관문을 통과함으로써 위빳사나의 길에 들어섰다고 볼 수 있다.

견청정의 핵심은 정신·물질로 해체함이며, 정신·물질의 구분이다.
이 정신·물질은 법이며, 법의 특징·역할·나타남·가까운 원인을 구분함으로 인해 나와 세상에 대한 온갖 의미는 엷어지고, 나와 세상은 정신·물질일 뿐이고 정신·물질의 나타남으로만 이해되는 과정이다.

이러한 과정에서 수행자는 교학적 이해와 아비담마에 대한 법의 체계가 굳건해지게 되고, 그 굳건함을 통해 수행자의 견해는 청정해지기 시작한다.

이 견청정은 유신견을 제거하기 위한 과정으로도 이해된다. 즉 견해가 청정해짐으로써 예류도를 얻기 위한 초석이 되는 것으로 이해해야 한다.

유신견은 예류도에 의해서 제거되는 족쇄이다.
그러므로 성자와 범부를 구분 짓는 가장 큰 잣대이기도 하다.

유신견은 다음과 같다.
교학적으로 '나'는 오온으로 나타난다. '오온이 나다. 오온을 가진 것이 나다. 내 안에 오온이 있다. 오온 안에 내가 있다.'라고 움켜잡는 견해가 유신견이다.

이 유신견을 좀 더 쉽게 적어보면 이렇게 볼 수 있다.
오온은 물질·느낌·인식·심리현상들·알음알이로 해체된다.

이 물질을 몸으로 이해하면 몸이 '나'다, 몸을 가진 것이 '나'다, '내' 안에 몸이 있다, 몸 안에 '내'가 있다는 견해가 유신견이 된다.
이러한 견해는 '행주좌와 어묵동정 대소변리 착의끽반'을 내가 한다는 착각으로 나타난다.

깨닫지 못한 우리들은 이러한 청정하지 못한 견해로 존재하고 있는 것이고 이러한 견해가 남아 있는 이상 윤회는 계속된다.

유신견의 제거는 견청정에서부터 출발하고 견청정은 나와 세상을 정신·물질의 법으로 구분하고 관찰함으로부터 시작된다.

정신·물질의 법은 교학적으로는 오온·12처·18계로 해체된다.

오온에서 물질은 색이고 정신은 수·상·행·식이다.

12처에서 물질은 '안·이·비·설·신/색·성·향·미·촉'이고 정신은 의(意)이고 법은 정신·물질이 섞여 있다. 그래서 물질 10개 반, 정신 1개 반이 된다.

18계에서는 정신 7개 반, 물질 10개 반으로 구분된다.

수행자는 이러한 구분을 교학을 통해 반드시 이해해야 한다.

그리고 아비담마의 법으로 보면 마음 1가지와 마음부수 52가지는 정신이고 물질은 28가지로 나타난다.

이러한 81법들의 특징, 역할, 나타남, 가까운 원인을 숙지해 나가는 과정은 위빳사나의 초석을 닦는 과정임을 수행자는 반드시 알아야 한다.

그리고 물질은 다시 깔라빠로 구분되는데 세상에서 발견되는 깔라빠는 21가지로 나타난다.

그중에서 순수한 팔원소와 소리의 구원소 두 가지는 외부에서도 발견되는 깔라빠로 나타나며, 이러한 물질의 깔라빠는 업·마음·온도·음식을 조건으로 일어나고 있음을 분명히 이해하여야 한다.

실참수행의 측면에서 보면 정신·물질의 구분은 다음과 같이 이해된다.

'형색 | 아는 마음'으로 구분하게 되면 형색은 물질이고 아는 마음은 정신이다.

이러한 관점으로 '소리 | 아는 마음', '냄새 | 아는 마음', '맛 | 아는 마음', '딱딱함·부드러움 | 아는 마음', '따뜻함·차가움 | 아는 마음', '움직임·지탱함 | 아는 마음'으로 물질과 정신을 구분해 나간다.

여기서 형색, 소리, 냄새, 맛, 딱딱함·부드러움, 따뜻함·차가움, 움직임·지탱함은 대상의 물질이다.

그리고 반대로 '마음의 의도 | 움직임'을 구분하면서 정신과 물질을 구분한다.

이렇게 관찰해 나가는 수행자는 물질을 조건으로 정신이, 정신을 조건으로 물질이 일어남을 파악함으로써 정신·물질은 서로 의지해서 일어남을 알게 된다.

위빳사나 수행자가 이러한 실참수행을 통해 법을 이해하고 정신·물질을 구분해 나가게 되면, 정신·물질의 법이 일어나고 있을 뿐이고 거기에 중생이나 세상이라는 것은 없다는 견해에 이르게 된다.

이러한 경지에 이른 위빳사나 수행자는 견청정의 지혜를 구족한 수행자이고, '정신·물질이 나다. 내가 정신·물질이다. 정신·물질이 내 안에 있다. 내 안에 정신·물질이 있다.'라는 견해에서 벗어나는 발판을 마련한 수행자라 할 수 있을 것이다.

견청정은 정신·물질의 구분이며, 이러한 구분은 아비담마의 체계적 이해를 통해서 일어남을 알아야 한다.

4. 도의청정(의심을 극복함에 의한 청정)

견청정을 구족한 수행자는 도의청정을 닦아 나간다.
도의청정은 얕은 위빳사나의 단계이면서 위빳사나 16단계의 4번째 단계이다.

위빳사나 수행자가 도의청정이라는 지혜를 구족하게 되면 작은 예류자라는 이름을 얻는다.
작은 예류자라는 의미는 수행자가 깨달음의 길에 바르게 들어선 것으로 이해된다.

도의청정은 지금 일어나고 있는 현상은 정신·물질일 뿐이며 그것은 조건에 의해서 일어나고 있음을 분명히 알게 되는 과정이다.
이 과정을 통해 '나'라는 것은 조건에 의해서 일어나는 정신·물질일 뿐이라는 결론에 이르게 된다면 도의청정이라는 지혜를 얻게 된 것으로 이해할 수 있다.
구체적으로 업과 과보의 이해, 연기의 이해, 24가지 조건을 통해 의심은 제거된다고 이해할 수 있다.

지금 소리가 있고 아는 마음이 일어난다.
실참수행에서 보면 '소리 | 아는 마음'이다. 이러한 정신·물질의 현상은 어떻게 해서 일어나는가?
신이 들으라고 한 것이거나 고정불변하는 실체(참나, 진아 등)가 있어 그것들이 듣는 것인가?
이러한 의심들이 바로 삼세에 대한 의심이고 이것은 16가지로 나타난다.

의심은 16가지 의심이다.

과거:
① 나는 정말 과거에 존재했는가? ② 과거에 존재하지 않았는가?
③ 나는 과거에 무엇이었을까? ④ 나는 과거에 어떠했을까?
⑤ 나는 과거에 무엇이 되었다가 무엇이 되었을까?
미래:
⑥ 나는 정말 미래에 존재할까? ⑦ 미래에 존재하지 않을까? ⑧ 나는 미래에 무엇이 되어 있을까? ⑨ 나는 미래에 어떠할까? ⑩ 나는 미래에 무엇이 되었다가 무엇이 될까?
현재:
⑪ 나는 존재하기는 하는가? ⑫ 나는 존재하지 않는가? ⑬ 나는 무엇인가? ⑭ 나는 어떠한가? ⑮ 이 중생은 어디서 왔는가?

⑯ 어디로 가게 될 것인가?

위빳사나 수행자는 조건, 연기, 업과 과보를 분명히 이해함으로써 의심을 극복하게 된다.

◆ 조건
조건은 24가지로 나타나며 그중에서 4가지 조건으로 통합된다.
대상이라는 조건, 업이라는 조건, 강하게 의지하는 조건, 존재하는 조건이 그것이다.

'소리 | 아는 마음'이라는 실참수행의 측면에서 보면 소리는 대상이라는 조건이고, 귀는 업에서 생긴 물질이다. 아는 마음은 대상이라는 조건에 의해 일어난 법이다.
이렇게 소리가 들리는 순간 해체가 되면 조건이 드러나고 그 조건발생의 결과로서 정신·물질이 드러난다. 그러한 것이 드러날 때 '나'라고 할 만한 것이 없는 것이 분명해진다.
위빳사나 수행자는 24가지 조건을 분명히 이해함으로써 도의 청정이라는 지혜를 구족하게 된다.
24가지 조건은 아비담마 법체계를 이해함으로써 꿰뚫어진다.

◆ 연기
12연기의 가르침은 무명-행-식-명색-육입-촉-수-애-취-유-생-노사로 나타난다.

귀와 소리와 소리를 아는 마음이 일어나는 순간은 감각접촉이 일어나는 순간이다. 이 감각접촉이 12연기의 촉이다.

이 촉을 조건으로 느낌이 일어나고 느낌을 조건으로 갈애가 일어나고 갈애를 조건으로 취착이 일어난다.

위빳사나 수행자는 좋아하는 소리가 들리는 순간을 감각접촉이 일어나는 순간으로 이해하고 그때 즐거운 느낌과 그것을 좋아하는 마음을 본다.

그러한 과정은 연기적 과정이며 무아적 과정이라는 것을 분명하게 이해함으로써 의심을 제거해 나간다.

◆ 업과 과보

업은 과보를 가져온다.

과보는 삶의 과정과 재생연결식으로 나타난다.

원하는 대상을 통해 일어나는 마음은 유익한 업의 과보이고, 원하지 않는 대상을 통해 일어나는 마음은 해로운 업의 과보이다.

선처인 인간계에 태어났더라도 열악한 환경을 자주 경험한다면 그것은 해로운 업의 과보가 나타나고 있는 것이고, 적당한 기후와 환경을 자주 경험한다면 그것은 유익한 업의 과보가 나타나고 있는 것이다.

위빳사나 수행자가 지금 이 찰나 안·이·비·설·신이

색·성·향·미·촉을 만나는 과정을 업과 과보로 이해하고 선업을 짓기 위해 노력한다면 그 수행자는 업과 업의 과보에 대한 지혜를 구족한 자이고, 도의청정이라는 얕은 위빳사나의 지혜를 구족한 것이라 할 수 있을 것이다.

이렇게 조건, 연기, 업과 과보에 대한 지혜는 수행자 스스로 확인할 수 있다. 그리고 이러한 지혜가 일어나기 위한 조건은 아비담마의 법수를 정확하게 이해하고 그 법수들을 내 몸에서 확인하는 과정을 경험할 때 가능한 것임을 알아야 한다.

도의청정이라는 지혜를 구족한 수행자는 이제 위빳사나 수행의 요체인 무상·고·무아의 통찰이라는 지혜를 얻기 위해, 위빳사나 16단계 지혜에서는 다섯 번째 단계이고, 위빳사나 10단계 지혜에서는 첫 번째 단계인 명상의 지혜를 닦아 나가야 한다.

(16)　지견청정(도의 지혜, 과의 지혜, 반조의 지혜)
(15)　종성의 지혜
(14)　❿ 수순하는 지혜
(13)　❾ 형성된 것들에 대한 평온의 지혜
(12)　❽ 깊이 숙고하는 지혜 [깊이 숙고하여 관찰하는 지혜]
(11)　❼ 해탈하기를 원하는 지혜
(10)　❻ 염오의 지혜 [염오를 관찰하는 지혜]
(9)　❺ 위험의 지혜 [위험을 관찰하는 지혜]
(8)　❹ 공포의 지혜 [공포로 나타나는 지혜]
(7)　❸ 무너짐의 지혜 [무너짐을 관찰하는 지혜]

(6) ❷ 생멸의 지혜 [전반부/후반부]
(5) ❶ 명상의 지혜
(4) 　도의청정
(3) 　견청정
(2) 　마음청정
(1) 　계청정

X. 위빳사나 수행의 단계 – 2
(위빳사나 10단계 지혜)

1. 명상의 지혜
2. 생멸의 지혜[전반부]
3. 위빳사나를 시작한 자 | 위빳사나의 경계
4. 생멸의 지혜[후반부]
5. 들숨날숨
6. 무너짐을 관찰하는 지혜[멸괴지]
7. 공포의 지혜(염오)
8. 해탈하기를 원하는 지혜
9. 형성된 것들에 대한 평온의 지혜(공성의 체득)
10. 해탈의 관문과 천착과 출현
11. 깨달음의 단계

무아의 특징 경(S22:59)

X. 위빳사나 수행의 단계 – 2
   (위빳사나 10단계 지혜)

1. 명상의 지혜

 명상의 지혜는 위빳사나 10단계 지혜에서 첫 번째 지혜이며, 무상·고·무아의 통찰이라는 위빳사나 실참수행이 시작되는 지점이라고 이해할 수 있다.

 위빳사나 수행의 과정을 지혜의 측면에서 보게 되면 지혜는 크게 세 가지로 계발되는 것으로 나타난다. ① 안 것의 통달지 ② 조사의 통달지 ③ 버림의 통달지가 그것이다.

 첫 번째 지혜인 ① 안 것의 통달지는 법의 개별적 특징을 통찰하는 것이 주를 이룬다. 법의 개별적 특징은 아비담마의 법수를 이해함으로써 가능하다.

 견청정과 도의청정이라는 관문을 통과한 수행자는 이러한 법의 개별적 특징과 법의 조건 등을 파악한 자이기에 ① 안 것의 통달지라는 지혜가 계발된 자로 이해된다.

 안 것의 통달지라는 지혜를 구족한 수행자는 이제 위빳사나 수행의 요체인 무상·고·무아의 통찰을 닦기 위해서 구체적으로 수행해 나간다.

그 구체적 방법 중 첫 번째가 명상의 지혜이다.
명상의 지혜에서 핵심은 조건발생인 정신·물질을 무상하고 괴롭고 무아인 것으로 명상하는 것이다.
명상(冥想)은 눈을 감고 차분한 마음으로 깊이 생각함을 의미한다.

청정도론에서 명상의 지혜를 닦는 방법은 깔라빠에 대한 명상 - 오온의 관찰 - 물질과 정신의 생겨남을 봄 - 정신과 물질의 칠개조를 통한 명상으로 크게 나타난다.

이러한 과정을 실참수행의 측면에서 보면 사념처를 닦는 것으로 이해된다. 즉 명상의 지혜는 사념처를 닦아서 계발된다는 의미이다.

위빳사나 수행은 사념처 수행의 토대에서 이루어진다.
그러므로 명상의 지혜를 닦는 위빳사나 수행자 역시 사념처를 닦아 나가는 것으로 이해할 수 있다.

[▶ 가고 서고 앉고 눕고
◆ 마음챙김의 숙달 수행
네 가지 자세는 하루 종일 일어난다.
수행자는 이 자세를 통해 마음챙김을 닦아 나간다.

'걷고 있다' '서 있다' '앉아 있다' '누워 있다' 이 네 가지 자세를 통해 마음챙김의 숙달을 닦는 수행은 실참수행에서는 이렇게 나타난다.

걸을 때: 움직임 | 아는 마음
서 있을 때: 지탱함 | 아는 마음
앉아 있을 때: 지탱함 | 아는 마음
누워 있을 때: 지탱함 | 아는 마음
이렇게 구분하면서 마음챙김의 숙달을 닦아 나간다.

여기서 다시
걸을 때: 움직임 전체 | 아는 마음
서 있을 때: 지탱함 전체 | 아는 마음
앉아 있을 때: 지탱함 전체 | 아는 마음
누워 있을 때: 지탱함 전체 | 아는 마음
이렇게 관찰하면서 몸의 암시라는 물질을 관찰해 나간다.

여기서 움직임 전체는 추상적 물질인 몸의 암시라는 법이고, 움직임·지탱함은 구체적 물질인 바람의 요소라는 법이다.

그리고 아는 마음은 대상에 마음챙김이 깊이 들어간 마음이다.

수행자는 몸의 암시라는 물질과 바람의 요소라는 물질의 특징을 정확히 이해하고 그 대상에 마음챙김을 숙달시킨다.

이러한 마음은 대상의 고유성질을 통찰하는 마음이기에 마음챙김과 지혜가 함께하는 마음이 된다.

◆ 원인과 조건을 보는 수행

여기서 더 나아가서 원인과 조건을 봄으로써 네 가지 자세를 꿰뚫어 보게 된다.

걸으려는 마음의 작용을 조건으로 바람의 요소와 암시의 물질이 일어남을 관찰한다.

실참수행에서 '의도 | 움직임'으로 구분한다.

수행자가 이렇게 보게 될 때 여기서 '내가 걷는다.'라거나 '나에 의해서 걷는 것이 생긴다.'라는 어리석음은 사라진다. 의도를 조건으로 움직임이 일어나는 것, 즉 법과 법의 조건발생으로 이해하게 된다.

이렇게 관찰하는 것이 꿰뚫어 보는 것이요, 분명한 알아차림을 행한 것이 된다.

◆ 무상의 관찰(위빳사나)

이러한 방법으로 걷고・서고・앉고・눕고를 관찰하다가 이제 자세의 변화를 통해 무상을 관찰한다.

걷다가 서면, 걸을 때 움직임은 사라졌다고 관찰한다.
서 있다가 앉으면, 서 있을 때의 지탱함은 사라졌다고 관찰한다.
앉아 있다가 누우면, 앉아 있을 때의 지탱함은 사라졌다고 관찰한다.

여기서 움직임·지탱함은 바람의 요소라는 물질이다. 이러한 관찰을 통해서 물질의 무상함을 관찰한다. 이때 무상의 관찰은 위빳사나의 지혜이다.]13)

위의 글은 이 책의 사념처 수행에서 몸의 관찰에 나오는 부분이다.

명상의 지혜를 닦는 수행자는 이러한 사념처 수행의 토대 위에서 명상의 지혜를 닦아 나가게 된다.

명상의 지혜를 닦아 가는 데 있어서 실참수행의 측면에서 본다면 크게 네 가지 정도로 구분할 수 있을 것이다.

첫째는 정신·물질의 조건발생을 아비담마의 법수로 이해하는 것, 둘째는 오온의 40가지 관찰, 셋째는 물질의 무상의 관찰, 넷째는 정신의 무상의 관찰로 압축할 수 있을 것이다.

(1) 정신·물질의 조건발생

다시 한번 강조하지만 위빳사나 수행은 아비담마의 이론적 토대 위에서 이루어진다. 그러므로 아비담마의 법수를 꿰뚫는 것이 바로 위빳사나 수행임을 알아야 한다.

정신은 재생연결식을 시작으로 하여 삶의 과정에서는 인식과정으로 나타난다.

---

13) 157p~159p 사념처 수행 참고

위빳사나 수행자가 명상의 지혜를 구족하기 위해서는 재생연결식과 인식과정, 그리고 89가지 마음에 대한 이해를 분명히 해야 한다.

그리고 물질의 일어남도 업·마음·온도·음식을 조건으로 일어남을 아비담마의 법수를 통해 분명히 해야 한다.
분명한 이해가 바로 위빳사나 명상의 지혜로 나타남을 알아야 한다.

(2) 40가지 오온의 관찰

지혜는 인식을 전환함으로써 일어난다.
정신·물질의 무더기인 '나'를 상락아정이라는 전도된 인식으로 보아 왔다면, 위빳사나 수행자는 다섯 가지 무더기인 '나'를 무상·고·무아·부정이라는 인식으로 전환하여 보아야 한다.
이러한 과정 역시 사념처 수행과 궤를 같이한다.

수행자는 무상·고·무아의 삼특상을 이해하고 40가지 오온의 관찰을 외워 나간다.

"이것은 오온의 무리별로 모아진 형성된 것들을 삼특상으로 관찰하는 것을 나타낸다. 모든 형성된 것들은 부서진다는 뜻에서(khayaṭṭhena) 무상이다. 그들은 그들이 일어난 곳에서 부서지고 그들의 동일성을 유지하는 다른 상태로 옮겨가지 못하기 때문이다. 그들은 두렵다는 뜻에서(bhayaṭṭhena) 괴로움이다. 무상한 것은 어떤 안정된 보호를 제공해 주지 못하므로 두려운 것이기 때문이다. 그들은 심재(心材, 실체)가 없다는 뜻에서 (asāraṭṭhena) 무아이다. 그들은 어떤 자아나 본질이나 내적인 주재자라는 핵이 없기 때문이다."[14]

다섯 가지 무더기인 '나'를
"무상으로, 괴로움으로, 병으로, 종기로, 화살로, 재난으로, 질병으로, 타인으로, 붕괴하는 것으로, 전염병으로, 재앙으로, 두려움으로, 협박으로, 떨림으로,
무너지기 쉬운 것으로, 지속되지 않는 것으로, 보호가 없는 것으로, 피난처가 없는 것으로, 귀의처가 없는 것으로,
비었음으로, 허함으로, 공함으로, 자아가 없음으로, 위험으로,
변하기 마련인 법으로, 고갱이가 없는 것으로, 재난의 뿌리인 것으로,
살인자로, 복리가 없음으로, 번뇌에 물들기 쉬운 것으로, 형성된 것으로, 마라의 미끼로,
태어나기 마련인 법으로, 늙기 마련인 법으로, 병들기 마련인 법으로, 죽기 마련인 법으로, 근심하기 마련인 법으로, 탄식하기 마련인 법으로, 절망하기 마련인 법으로, 오염되기 마련인 법으로"[15]

이렇게 40가지로 명상하면서 계속 외워 나가면서 오온에 대한

---

14) 『아비담마 길라잡이』 제2권 345p

15) 『청정도론』 제3권 227p

인식을 전환해 나간다. 외운다는 것은 위빳사나 명상의 지혜를 계발하는 것으로 이해해야 한다.

(3) 물질의 관찰

물질의 관찰에서 수행자는 기본적으로 대상의 물질 7가지를 알아야 한다.

'형색 | 아는 마음', '소리 | 아는 마음', '냄새 | 아는 마음', '맛 | 아는 마음', '딱딱함·부드러움 | 아는 마음', '따뜻함·차가움 | 아는 마음', '움직임·지탱함 | 아는 마음'이다.

이러한 대상의 물질을 아는 마음이 사라졌다고 관찰하게 되면 그것은 명상의 지혜 혹은 생멸의 지혜라 할 수 있을 것이다.

수행자는 네 가지 자세를 통해서 물질의 무상을 명상하면서 지혜를 계발해 나간다.

① '누워 있음 | 아는 마음 ⇒ 앉아 있음 | 아는 마음'에서 누워 있을 때 물질은 사라졌다고 명상한다.

② '앉아 있음 | 아는 마음 ⇒ 서 있음 | 아는 마음'에서 앉아 있을 때 물질은 사라졌다고 명상한다.

③ '서 있음 | 아는 마음 ⇒ 걸어감 | 아는 마음'에서 서 있을 때 물질은 사라졌다고 명상한다.

여기서 누워 있음·앉아 있음·서 있음·걸어감의 물질은 법체로는 움직임·지탱함을 특징으로 하는 바람의 요소라는 물질이다.

이렇게 4가지 자세의 무상을 명상하고, 다시 걸음걸이를 통해 더 미세하게 명상해 나간다.

① 발을 들어 올리면 눌리는 부분에 있었던 물질은 무상하다.
: 딱딱함·부드러움을 특징으로 하는 땅의 요소가 무상하다.
② 앞으로 옮기면 들어 올릴 때 있었던 물질은 무상하다.
: 움직임·지탱함을 특징으로 하는 바람의 요소가 무상하다.
③ 옆으로 피하면 앞으로 옮길 때 일어난 물질은 무상하다.
: 움직임·지탱함을 특징으로 하는 바람의 요소가 무상하다.
④ 내리면 옆으로 피할 때 일어난 물질은 무상하다.
: 움직임·지탱함을 특징으로 하는 바람의 요소가 무상하다.
⑤ 디디면 내릴 때 일어난 물질은 무상하다.
: 움직임·지탱함을 특징으로 하는 바람의 요소가 무상하다.
⑥ 발이 눌리면 디딜 때 일어난 물질은 무상하다.
: 딱딱함·부드러움을 특징으로 하는 땅의 요소가 무상하다.

이것을 실참수행의 측면에서 경행할 때는 이렇게 관찰할 수도 있을 것이다.
① 단단함
② 움직임
③ 무상
④ 사라짐

이렇게 한 걸음 걷는 과정에서 수행자는 단단함 움직임이라는 현상(법)을 관찰하면서 그러한 현상을 무상이라고 사라짐이라고 관찰하면서 명상의 지혜를 계발하게 된다.

(4) 정신의 관찰
　명상의 지혜에서 정신의 관찰은 사념처에서 느낌의 관찰과 마음의 관찰과 심리현상의 관찰로 이해된다.

　사념처의 느낌의 관찰에서 '형색 | 느낌 | 아는 마음'으로 구분하게 되면 아는 마음에서 느낌의 무상함을 관찰하게 된다.
　마찬가지로 마음의 관찰에서 '소리 | 성냄 | 아는 마음'에서 아는 마음이 성냄의 마음이 무상함을 관찰할 수 있다.

　이러한 측면에서 명상의 지혜에서 정신을 관찰할 때 다음과 같이 관찰한다.

　명상의 지혜에서 정신의 실참수행은 다음과 같이 이해된다.
　(1) '움직임 | 아는 마음'에서 움직임은 사라졌다고 명상한다.
　(2) '움직임 | ② 아는 마음 | ③ 아는 마음'에서 '③번 아는 마음'이 '②번 움직임이 사라졌다고 아는 마음'을 사라졌다고 명상한다.
　(3) '움직임 | 아는 마음 | ③ 아는 마음 | ④ 아는 마음'에서 ④번의 아는 마음이 ③번의 아는 마음이 사라졌다고 명상한다.

　이렇게 해서 10번까지 계속 아는 마음이 무상하다고 명상한다.
　'… ⑧ 아는 마음 | ⑨ 아는 마음 | ⑩ 아는 마음'에서, ⑩번의

아는 마음이 ⑨번의 아는 마음이 사라졌다고 명상한다.

수행자는 아는 마음의 흐름을 계속해서 무상하다고 명상해 나가면서 무상을 관찰하는 자는 없다는 인식을 분명히 해 나간다. 즉 무상을 관찰하는 지혜의 마음 역시 일어나고 사라지는 법일 뿐이라는 무아적 과정을 분명히 이해해 나간다.
이렇게 정신을 관찰해 나가는 것이 숙달된 수행자에게는 명상의 지혜가 계발되었다고 볼 수 있을 것이다.

이러한 정신의 관찰을 청정도론에서는 쌍으로 순간으로, 차제로, 관찰하는 것이라고 나타나고 깔라빠에 대한 명상이라고 적고 있다.

위빳사나 10단계 지혜에서 첫 번째 지혜인 명상의 지혜는 물질과 정신이 조건발생으로 일어남과 그 물질과 정신은 무상하고 괴롭고 무아인 것으로 인식해 나가는 것이다.

구체적인 방법으로는 한 걸음에서 물질의 무상을 여러 번 관찰하고, 대상을 통해 일어난 정신을 여러 번 관찰함으로써 무상의 관찰을 미세하게 닦아 가는 과정으로 이해할 수 있다.
이러한 과정이 숙달되었을 때, 즉 명상의 지혜가 절정에 이른 수행자는 현재의 법 즉 조건과 찰나를 관찰하는 생멸의 지혜를 닦게 된다.

청정도론은 다음과 같이 적고 있다.

"이생에 속하는 모든 형성된 것들은 **무상**하다. 무슨 이유인가? 일어나고 사라짐이 있기 때문이고, 변하기 때문이고, 잠시뿐이고, 항상함과 반대되기 때문이다. 일어난 형성된 것들은 머묾을 얻고, 머무는 형성된 것들은 늙음으로 고통 받고 늙음에 이르러서는 반드시 무너진다. 그러므로 끊임없이 핍박받고, 견디기 어렵고, 괴로움의 기지이고 행복과 반대되기 때문에 **괴로움**이다.

'일어난 형성된 것들은 머묾에 이르지 말고, 머묾에 이른 것은 늙지 말고, 늙음에 이른 것은 무너지지 말라'고 이 세 단계에 대해서 어느 누구도 지배력을 행사하지 못한다. 지배력을 행사하지 못하므로 공하다. 그러므로 공하고, 주인이 없고, 지배력을 행사하지 못하고 자아와 반대되기 때문에 **무아**다.[16]

2. 생멸의 지혜 [전반부]

(16)　지견청정 (도의 지혜, 과의 지혜, 반조의 지혜)
(15)　종성의 지혜
(14) ❿ 수순하는 지혜
(13) ❾ 형성된 것들에 대한 평온의 지혜
(12) ❽ 깊이 숙고하는 지혜 [깊이 숙고하여 관찰하는 지혜]
(11) ❼ 해탈하기를 원하는 지혜

---

16) 『청정도론』 제3권 제20장 §47

(10) ❻ 염오의 지혜 [염오를 관찰하는 지혜]

(9) ❺ 위험의 지혜 [위험을 관찰하는 지혜]

(8) ❹ 공포의 지혜 [공포로 나타나는 지혜]

(7) ❸ 무너짐의 지혜 [무너짐을 관찰하는 지혜]

(6) ❷ <u>생멸의 지혜</u> [전반부/후반부]

(5) ❶ 명상의 지혜

(4)   도의청정

(3)   견청정

(2)   마음청정

(1)   계청정

일어나고 사라짐을 관찰하는 지혜인 생멸의 지혜는 위빳사나 10단계 지혜에서 두 번째 지혜이다.

명상의 지혜를 구족한 위빳사나 수행자는 이제 생멸의 지혜를 닦아 나간다.

명상의 지혜에서는 무상하다고 명상하고 혹은 법의 무상을 관찰했다면, 생멸의 지혜에서는 현재의 법만을 무상으로 관찰하는 것으로 나타난다.

현재 법의 일어나고 사라짐은 무상이고, 그것을 관찰하는 것이 지혜이다.

현재의 법이란 무엇인가?

그것은 바로 수행자가 현재 마음을 챙기고 있는 대상이다.

수행자는 사념처를 통해서 마음챙김의 숙달을 닦아왔다.
마음챙김의 숙달에서 중요한 것은 대상이고, 그 대상을 명확히 알게 되면 그것은 바로 현재의 법이 된다.

즉 마음챙김이 깊이 들어감으로써 대상이 명확해지면, 수행자에게는 현재의 법은 명확하게 드러난다는 의미이다.

실참수행에의 측면에서 보면
'형색 | 아는 마음'에서 형색은 현재의 법이고, 아는 마음은 형색이라는 대상에 마음챙김을 확립한 마음이다.
이러한 과정으로 수행자는 현재의 법을 명확히 한다.

'소리 | 아는 마음'에서 소리는 현재의 법이다.
'냄새 | 아는 마음'에서 냄새는 현재의 법이다.
'맛 | 아는 마음'에서 맛은 현재의 법이다.
'딱딱함·부드러움 | 아는 마음'에서 딱딱함·부드러움은 현재의 법이다.
'따뜻함·차가움 | 아는 마음'에서 따뜻함·차가움은 현재의 법이다.
'움직임·지탱함 | 아는 마음'에서 움직임·지탱함은 현재의 법이다.

수행자는 '소리 | 아는 마음'에서, 아는 마음이 소리는 사라졌다고 관찰한다.
이렇게 관찰할 때 소리라는 현재 법의 무상을 관찰한 것이 된다.

'움직임 | 아는 마음'에서, 아는 마음이 움직임이 사라졌다고 관찰하면 현재 법의 무상을 관찰한 것이 된다.

들숨날숨은 바람의 요소라는 물질이고 마음의 작용을 조건으로 일어나는 물질이다.
들숨을 들이쉴 때 코안에서 움직임이 경험되면 그것은 바람의 요소를 경험하는 것이다. 이 움직임이 잘게 부서지면 그것은 생멸이 여러 번 일어난 것으로 이해된다.

수행자는 '들숨날숨 | 아는 마음'에서 이러한 들숨날숨의 움직임을 통해 그것이 사라졌다고 관찰하면 현재 법의 무상을 관찰한 것이 된다.

이렇게 현재의 법을 계속 관찰해 나가는 수행자에게는 조건과 순간이 분명해진다.

'소리 | 아는 마음', '움직임 | 아는 마음', '들숨날숨 | 아는 마음'을 통해 조건을 본다.

소리는 대상이라는 조건의 힘을 가지고 있고, 귀는 업에서 생긴 물질이라는 조건을 가지고 있다. 이러한 조건들의 결과로 아는 마음이 일어남을 본다.

움직임은 마음을 조건으로 일어나는 물질이다. '의도 | 움직임 | 아는 마음'에서, 아는 마음이 움직임이 일어나는 조건을 본다.

들숨날숨도 마음의 작용을 조건으로 일어나는 물질이다.
'의도 | 들숨날숨 | 아는 마음'에서, 아는 마음이 들숨날숨이 일어나는 조건을 본다.

이렇게 물질이 일어나는 조건을 보는 것이 생멸의 지혜에서 가장 중요한 부문 중의 하나이다.

이러한 과정은 오온에서 물질이 일어나는 과정이며, 청정도론에서는 무명·갈애·업·음식·생기는 특징으로 보면서 오온의 일어남을 본다고 적고 있다.[17]

다시 수행자는 '형색 | 느낌 | 아는 마음'을 관찰하면서 느낌이 일어나는 조건을 관찰한다. 그리고 '형색 | 탐욕 | 아는 마음'을 관찰하면서 마음이 일어나는 조건 역시 관찰한다.

이러한 조건의 관찰은 오온의 일어남을 분명히 아는 것이고, 조건이 멸하면 오온도 멸함을 분명히 알게 되는 과정이다.

---

17) 『청정도론』 제3권 제20장 §97

조건을 보기 위한 전제조건은 아비담마의 법수의 이해와 사념처를 닦을 때 가능하다.

다시 수행자는 순간(찰나)을 보기 위해서 수행을 한다.
찰나를 본다는 것은 실참수행의 측면에서 본다면 현상의 특징, 즉 법의 고유성질을 본 것으로 이해된다.
법은 고유성질을 가진 것, 찰나적 존재이다.
즉 고유성질을 본다는 것이 찰나를 본 것으로 이해되는 이유는 현상은 일어나면 사라져 버리기 때문이다.

소리가 들리고 곧 소리는 사라진다. 소리는 영원한 것이 아니다.
그러므로 소리는 고유성질을 가진 것, 찰나적 존재인 것이다.
이러한 관점으로 찰나를 이해해야 할 것이다. (찰나에 대한 이해는 Ⅷ장 1. 무상과 찰나 참조)

'소리 | 아는 마음'에서, 아는 마음이 소리를 사라졌다고 보는 순간 수행자는 순간(찰나)을 본 것이다.
'딱딱함 | 아는 마음'에서, 아는 마음이 딱딱함을 사라졌다고 보게 되면 딱딱함의 찰나를 본 것이다.
'움직임 | 아는 마음'에서, 아는 마음이 움직임이 사라졌다고 보게 되면 찰나를 본 것이다.

수행자가 이렇게 찰나를 관찰하게 되면 일어나고 사라지는 무상의 특상을 분명히 보게 된다.

 이러한 과정을 통해 조건과 찰나를 관찰하는 수행자에게는 진리, 연기, 방법, 특징이 분명해진다고 청정도론은 적고 있다.[18]

 간추리면 다음과 같다.

① 진리가 분명해짐
 찰나를 통해 일어나고 사라짐을 보기 때문에 고성제의 진리를 분명히 본다:
 태어남은 괴로움이기 때문이다.

 찰나를 통해 멸함을 보기 때문에 고성제의 진리가 분명해진다:
 죽음은 괴로움이기 때문이다.

 조건을 통해 일어남을 보기 때문에 집성제의 진리를 분명히 본다:
 출생지를 알았기 때문이다.

 조건을 통해 멸함을 보기 때문에 멸성제의 진리를 분명히 본다:
 조건이 일어나지 않으면 조건을 가진 결과도 일어나지 않기 때문이다.

---

18) 『청정도론』 제3권 제20장 §100~103

일어나고 사라짐을 통해 세간적인 도성제의 진리를 분명히 본다.

② 연기가 분명해짐

'소리 | 아는 마음'을 구분할 때, 여기에는 소리와 귀를 조건으로 귀의 알음알이가 일어나고 있는 과정이다. 즉 근·경·식이 부딪히는 찰나이고 이 찰나에 감각접촉이라는 법이 일어난다.

감각접촉은 '무명-행-식-명색-육입-촉-수-애-취-유-생-노사'라는 12연기에서 촉을 의미한다.

촉은 조건발생이다.
소리와 귀가 없으면 촉은 일어나지 않는다. 그러나 업을 조건으로 생긴 귀와 대상이라는 조건을 가진 소리가 조우하면 귀의 알음알이와 함께 촉이 일어난다. 그리고 촉을 조건으로 느낌이 일어나고 느낌을 조건으로 탐욕, 성냄의 업을 짓는 연기적 과정이 일어난다.
이렇게 '소리 | 아는 마음'을 통해 수행자는 연기를 분명하게 보게 된다.

③ 방법이 분명해짐

단일화, 다양화, 무관심이라는 방법을 통해 단견·상견·아견을 버린다.
'소리 | 아는 마음'을 통해 조건발생임을 볼 때, 죽으면 끝이라는 단견과 항상하다는 상견과 내가 듣는다는 아견을 버린다.

④ **특징이 분명해짐**

청정도론을 인용한다.

"조건을 통해 일어남을 보기 때문에 무아의 특상이 분명해진 다. 법들은 호기심이 없고 조건에 의지하여 머무는 것을 알았기 때문이다. 찰나를 통해 일어나고 사라짐을 보기 때문에 무상의 특상이 분명해진다. 생겼다가 없어짐을 알았고 또 과거와 미래에는 존재하지 않음을 알았기 때문이다. 괴로움의 특상도 분명해진다. 일어나고 사라짐에 의해 압박받음을 알았기 때문이다. 고유성질의 특징도 분명해진다. [법들은] 일어나고 사라짐에 의해서 한정되어 있음을 알았기 때문이다. 고유성질의 특징 아래 형성된 것의 특징은 순간적임(tāvakālikatta)이 분명해진다. 일어나는 순간에는 멸함이 없고, 멸하는 순간에는 일어남이 없음을 알았기 때문이다."[19]

위빳사나 수행자가 이렇게 진리 · 연기 · 방법 · 특징을 분명히 볼 때 생멸의 지혜를 구족한 자라고 볼 수 있을 것이다.

생멸의 지혜의 핵심은 현재의 법이다.
수행자에게 현재 법은 무엇인가?
그것을 바로 현재 마음챙김을 하고 있는 대상이 바로 현재의 법이다.
법은 고유성질을 가진 것, 찰나적 존재, 조건발생이다.

---

[19] 『청정도론』 제3권 제20장 §103

법을 분명히 아는 것은 대상을 분명히 아는 것이다.

대상에 대한 이해는 아비담마의 81법을 분명히 함으로써 굳건해지고, 대상에 대한 경험은 사념처에서 마음챙김의 숙달을 통해 분명해진다.

명확하게 이해된 대상을 경험하는 순간 수행자는 무상을 보게 된다.

생멸의 지혜는 무상을 관찰하는 위빳사나의 단계이고, 이러한 지혜를 계발하는 데 있어서 실참수행은 사념처의 토대 위에서 닦아진다.

그러한 관점에서 사념처는 위빳사나 수행을 완전하게 만드는 체계로 이해된다. 위빳사나 단계를 닦아 가는 수행자는 사념처와 위빳사나 수행의 관계를 이렇게 이해하면서 닦아 나가야 한다.

3. 위빳사나를 시작한 자 | 위빳사나의 경계

생멸의 지혜[전반부]는 위빳사나 16단계에서 여섯 번째 지혜이고, 위빳사나 10단계 지혜에서는 두 번째 지혜이고, 얕은 위빳사나로 나타난다.

이 생멸의 지혜[전반부]를 구족한 자는 위빳사나를 시작한 자라는 명칭을 얻는다.

이 위빳사나를 시작한 자라는 명칭의 의미는, 수행자 스스로가 조건과 찰나를 통해 점검할 수 있음을 의미한다.

◆ 위빳사나를 시작한 자

수행자가 무상・고・무아를 관찰해서 진리・연기・방법・특징이 분명해졌다면, 그는 위빳사나를 시작할 자격이 있는 자라는 의미이다.

만약 무상・고・무아를 관찰했는데 사성제가 분명해지지 않는다면, 그는 위빳사나 수행의 구체적 방법과 단계를 다시 점검해야 하는 수행자로 이해된다.

깨달음을 추구하고 있는 위빳사나 수행자라면 수행자 스스로 무상・고・무아를 통찰하고 있을 것이다. 이러한 과정에서 수행자 스스로 그 단계나 위치를 점검하고 싶다면 무상・고・무아를 통찰한 결과로 일어나는 진리・연기・방법・특징을 분명히 보았는지 아닌지를 관찰해야 한다.
이러한 관찰을 통해 진리・연기・방법・특징이 분명해지지 않는다면 수행자는 다시 수행을 점검해야 할 것이다.

위빳사나 수행의 이론적 토대가 되는 아비담마의 법수를 체계적으로 공부해야 하고, 그 토대 위에서 견청정과 도의청정을 점검해야 한다.
견청정과 도의청정은 아비담마의 법수를 꿰뚫음으로 분명해진다.

이러한 과정에서 수행자는 사념처에 대한 이해를 분명히 하고, 사념처를 닦아 나가야 한다.

수행자는 사념처의 토대 위에서 명상의 지혜와 생멸의 지혜를 닦고서 그 결과인 진리·연기·방법·특징을 분명히 해야 한다.

이렇게 수행자는 스스로 수행의 단계와 결과를 점검해 나간다.

위빳사나 수행은 구체적 방법과 단계를 거친다. 이러한 과정들을 이해하지 못하고 무시하고 수행을 하고 있다면, 그것은 준비운동 없이 급류의 강에 뛰어든 형국과 같을 것이다.

위빳사나를 시작한 자라는 명칭이 주는 의미를 이렇게 이해해야 할 것이다.

청정도론은 다음과 같이 적고 있다.

"104. 이와 같이 진리, 연기, 방법, 특징이 분명해졌을 때, '전에 일어나지 않았던 법들이 일어나는구나. 일어난 것은 소멸하는구나.'라고 형성된 것들이 항상 새롭게 되어 그에게 나타난다. 항상 새로울 뿐만 아니라 잠시만 머문다. 마치 태양이 떠오를 때 이슬방울처럼(A.iv.137), 물거품처럼(S.iii.147), 물 위에 그은 선처럼(A.iv.137), 송곳 끝에 놓인 겨자씨처럼(Nd1.42), 번갯불처럼.(Nd1.42) 그들은 또 고갱이가 없이 나타난다. 마치 마술과 같고, 환과 같고(Dhp.46), 꿈과 같고(Sn.807), 돌리는 횃불의 바퀴와 같고, 간답바(간다르와, 건달바)의 성과 같고, 포말과 같고(Dhp.46), 파초(S.iii.142) 등과 같이.

이와 같이하여 '일어나고 사라짐의 관찰'이라 부르는 초보적인 위빳사나의 지혜를 얻는다. 일어나고 사라짐의 관찰은 '멸하기 마련인 법이 일어난다. 일어난 것은 멸에 이른다.'라는 형태로 50가지의 특징을 통찰한 뒤 확립된다. 이것을 얻었기 때문에 위빳사나를 시작한 자(āraddha-vipassaka)라는 명칭을 얻는다."[20]

一切有爲法 如夢幻泡影 如露亦如電 應作如是觀
일체유위법 여몽환포영 여로역여전 응작여시관

◆ 위빳사나의 경계

위빳사나 생멸의 지혜[전반부]를 칠청정의 측면에서 보면 도비도 지견청정으로 나타나고, 생멸의 지혜[후반부]는 행도 지견청정으로 나타난다.

같은 지혜가 전반부/후반부로 나뉘고, 칠청정의 단계에서도 전반부는 도비도 지견청정으로 후반부는 행도 지견청정으로 나뉘고 있음을 유념해야 한다.

(7) 지견청정	(도의 지혜, 과의 지혜, 반조의 지혜)
	종성의 지혜
(6) 행도 지견청정	수순하는 지혜
(6) 행도 지견청정	형성된 것들에 대한 평온의 지혜

---

20) 『청정도론』 제3권 제20상 §104

(6) 행도 지견청정	깊이 숙고하는 지혜 [깊이 숙고하여 관찰하는 지혜]
(6) 행도 지견청정	해탈하기를 원하는 지혜
(6) 행도 지견청정	염오의 지혜 [염오를 관찰하는 지혜]
(6) 행도 지견청정	위험의 지혜 [위험을 관찰하는 지혜]
(6) 행도 지견청정	공포의 지혜 [공포로 나타나는 지혜]
(6) 행도 지견청정	무너짐의 지혜 [무너짐을 관찰하는 지혜]
(6) 행도 지견청정	생멸의 지혜 [후반부]

(5) 도비도 지견청정	생멸의 지혜 [전반부]
(5) 도비도 지견청정	명상의 지혜

(4) 도의청정
(3) 견청정
(2) 마음청정
(1) 계청정

도비도 지견청정의 원어의 뜻은 '도와 도 아님에 대한 지와 견에 의한 청정'으로 나타난다. 즉 이것은 도고 이것은 도가 아님을 구분하는 것이 도비도 지견청정의 핵심인 것이다.

수행자가 법을 통해서 조건과 찰나를 보았다면 생멸의 지혜를 구족한 것이고 그 결과로서 위빳사나 10가지 경계가 나타난다.

그 10가지는 광명, 희열, 경안, 결심, 분발, 행복, 지혜, 확립, 평온, 욕구이다.

이러한 경계들은 너무나 강렬해서 마치 수행자가 깨달은 것으로 착각할 수 있게 한다. 착각하게 되면, 도 아님을 도로 알아서 경계에 빠진 수행자가 되고 더 이상의 향상은 일어나지 않을 것이다.

이러한 결과에 이른 수행자는 도가 아닌 것을 도로 착각한 수행자이다.

그러나 생멸의 지혜를 구족한 결과로서 나타난 법들을 '나' '내 것' '나의 자아'가 아니고 무상한 법이라고 보는 수행자는, 도와 도 아님을 아는 수행자라고 할 수 있을 것이다.

청정도론에는 다음과 같이 나타난다.

"'광명 등의 법들이 도가 아니라, 경계에서 벗어난 [일어나고 사라짐의 관찰 등으로 위빳사나의] 과정에 들어있는 위빳사나의 지혜가 도다.'라고."[21]

이렇게 아는 수행자는 도와 도 아님에 대한 구분을 얻은 지혜를 얻은 자, 즉 도비도 지견청정을 구족한 자라고 할 수 있다.

---

21) 『청정도론』 제3권 제20장 §128

이러한 점을 강조해서 칠청정의 단계에서는 도비도 지견청정를 거쳐서 행도 지견청정을 닦아 가는 단계로 구분되고 있는 것으로 이해된다.

풀어서 설명하면 생멸의 지혜를 구족한 결과로서 나타난 법들을 '나' '내 것' '나의 자아'가 아니고 무상한 법이라고 보는 수행자는 도와 도 아님에 대한 지와 견을 구족한 수행자이고, 이러한 수행자는 이제 본격적으로 위빳사나를 닦아 나가는 행도 지견청정의 단계에 이르게 된다는 의미이다.

생멸의 지혜[전반부]는 위빳사나 수행자에게 중요한 전환점으로 이해된다.

법의 직접적인 관찰로 인해 생멸의 지혜를 구족하게 되고, 그 결과로서 위빳사나를 시작한 자라는 명칭을 얻은 자가 되고, 생멸의 지혜를 구족한 결과로서 일어나는 10가지 경계들을 도와 도 아님으로 구분하게 됨으로써 본격적인 위빳사나를 닦아 가는 과정에 들어선 자가 되는 것으로 나타나기 때문이다.

10가지 경계는 다음과 같이 나타난다. 수행자는 이러한 경계를 명확히 이해하고 경계가 나타났을 때 도와 도 아님을 구분해야 한다.

"107. 여기서 (1) 광명(obhāsa)이란 위빳사나로 인해 생긴 광명이다. 그것이 일어날 때 수행자가 '이전에 나에게 이와 같은 광명이 일어난 적이 없다. 확실히 나는 도에 이르렀고, 과에 이르렀다.'고 생각하여 도가 아닌 것을 도라고, 과가 아닌 것을 과라고 여긴다. 그가 도가 아닌 것을 도라고, 과가 아닌 것을 과라고 여길 때 위빳사나의 과정에서 벗어났다고 한다. 그는 자기의 근본 명상주제를 놓아버리고 광명을 즐기면서 앉아 있다."

"114. (2) 지혜(ñāṇa)란 위빳사나의 지혜이다. 그가 물질과 정신을 고찰하고 조사할 때 인드라의 벼락과 같은 활기차고, 예리하고, 빛나고, 아주 맑은 지혜가 일어난다."

"115. (3) 희열(pīti)이란 위빳사나 마음과 함께한 희열이다. 그때 그에게 작은 희열, 순간의 희열, 넘치는 희열, 격앙된 희열, 충만한 희열이라는 이 다섯 가지 희열이 온몸을 가득 채우면서 일어난다."

"116. (4) 편안함(輕安, passaddhi)이란 위빳사나의 편안함이다. 그가 밤에 머무는 장소나 혹은 낮 동안에 머무는 장소에 앉아 있을 때 몸과 마음에 불안함이 없고, 무거움이 없고, 뻣뻣함이 없고, 일에 적합하지 않음이 없고, 병이 없고, 구부러짐이 없다. 오히려 그의 몸과 마음이 편안하고, 가볍고, 부드럽고, 일에 적합하고, 능숙하고, 올곧게 된다. 이러한 편안함 등으로 몸과 마음이 도움을 받아 인간을 넘어선 즐거움을 누린다."

"117. (5) 행복(sukha)이란 위빳사나와 [함께한 마음부수들의] 행복이다. 그때 그에게 온몸에 넘쳐흐르는 아주 수승한 행복이 일어난다."

"118. (6) 결심(信解, adhimokkha)이란 믿음이다. 위빳사나와 함

께한 것으로 마음과 마음부수들이 확신에 가득하여 깊은 믿음이 그에게 일어난다."

"119. (7) 분발(paggaha)이란 정진이다. 위빳사나와 함께한 것으로 너무 느슨하지도 너무 무리하지도 않게 열심히 분발하는 정진이 그에게 일어난다."

"120. (8) 확립(upaṭṭhāna)이란 마음챙김이다. 위빳사나와 함께한 것으로 잘 확립되었고, 기초가 튼튼하며, 고정되고, 동요가 없는 산의 왕과 같은 마음챙김이 그에게 일어난다. [물질이든 정신이든] 그것이 어떤 것이든 수행자가 그곳으로 전향하고, 의식적으로 반응하고, 마음에 잡도리하고, 반조하면 그것은 마음챙김 때문에 그에게 들어오고 나타나서 확립된다. 마치 천안통을 가진 자에게 다른 세상이 나타나는 것처럼."

"121. (9) 평온(upekkhā)이란 위빳사나의 평온과 전향의 평온이다. 그때 그에게 모든 형성된 것들에 대해 중립적인 강한 위빳사나의 평온이 일어나고, 의문(意門)에는 전향의 평온이 일어난다. 그가 어느 곳이든 그곳으로 전향할 때 전향의 평온은 빛나고 예리하게 작용한다. 마치 인드라의 벼락처럼, 낙엽이 담긴 자루를 향해 던진 시뻘겋게 달구어진 창처럼 [바로 대상을 취한다.]"

"122. (10) 욕구(nikanti)란 위빳사나에 대한 욕구이다. 이와 같이 광명 등으로 그의 위빳사나가 장엄될 때 그것에 집착하면서 미세하게 고요한 형태의 욕구가 일어난다. 그는 그 욕구가 경계인지 파악할 수가 없다."[22]

---

22) 『아비담마 길라잡이』 제2권 제9장 §32-2

4. 생멸의 지혜[후반부]

일어나고 사라짐을 관찰하는 지혜인 생멸의 지혜는 위빳사나 10단계 지혜에서 두 번째 지혜로 나타난다.

- ❿ 수순하는 지혜
- ❾ 형성된 것들에 대한 평온의 지혜
- ❽ 깊이 숙고하는 지혜 [깊이 숙고하여 관찰하는 지혜]
- ❼ 해탈하기를 원하는 지혜
- ❻ 염오의 지혜 [염오를 관찰하는 지혜]
- ❺ 위험의 지혜 [위험을 관찰하는 지혜]
- ❹ 공포의 지혜 [공포로 나타나는 지혜]
- ❸ 무너짐의 지혜 [무너짐을 관찰하는 지혜, 멸괴지]
- ❷ <u>생멸의 지혜</u> [전반부/후반부]
- ❶ 명상의 지혜

이 생멸의 지혜는 전반부와 후반부로 나뉘는데 전반부는 10가지 경계가 일어난 과정이고, 후반부는 경계에서 벗어나서 일어나고 사라짐을 관찰하는 지혜를 닦는 것으로 나타난다.

이 생멸의 지혜 후반부를 청정도론은 다음과 같이 적고 있다.

"3. 무엇을 마음에 잡도리하지 않아서 특상들이 나타나지 않으며, 무엇이 그들을 가려서 특상들이 나타나지 않는가? 무상의 특상은 일어나고 사라짐을 마음에 잡도리하지 않고, 상속(santati)에 의해 가려졌기 때문에 나타나지 않는다. 괴로움의 특상은 계속되는 압박을 마음에 잡도리하지 않고, 행동거지(iriyāpatha, 자세)에 가려졌기 때문에 나타나지 않는다. 무아의 특상은 여러 요소(界)로 분해됨을 마음에 잡도리하지 않고, 견고함(ghana)에 가려졌기 때문에 나타나지 않는다.

4. 일어나고 사라짐을 파악하여 상속이 분열될 때 무상의 특상이 자기의 성품에 따라 나타난다. 계속되는 압박을 마음에 잡도리하여 행동거지가 드러날 때 괴로움의 특상이 자기의 성품에 따라 나타난다. 여러 요소로 분해하여 견고함이 분해될 때 무아의 특상이 자기의 성품에 따라 나타난다.

5. 여기서 ① 무상과 무상의 특상 ② 괴로움과 괴로움의 특상 ③ 무아와 무아의 특상 — 이 분석을 알아야 한다.

6. 이 가운데서 ① **무상**이란 무더기 다섯 가지(五蘊)가 무상한 것이다. 왜 그런가? 일어나고 사라지고 변하는 성질을 가졌기 때문이다. 혹은 있다가 없어지기 때문이다. 일어나고 사라지고 변하는 것이 무상의 특상이다. 혹은 있다가 없어짐이라 불리는 형태의 변화(ākāra-vikāra)가 [무상의 특상이다].

7. ② "무상한 것은 괴로움이다.(S.iii.22)"라는 말씀 때문

에 그 무더기 다섯 가지가 괴로움이다. 왜 그런가? 끊임없이 압박받기 때문이다. 끊임없이 압박받는 형태가 **괴로움의 특상**이다.

8. ③ "괴로운 것은 무아다.(S.iii.22)"라는 말씀 때문에 그 무더기 다섯은 **무아**다. 왜 그런가? 지배력을 행사할 수 없기 때문이다. 지배력을 행사할 수 없는 형태가 **무아의 특상**이다.

9. 수행자는 경계에서 벗어났고 과정에 들어있는 위빳사나라 불리는 '일어나고 사라짐을 관찰하는 지혜'로 이 모두를 각자의 성품에 따라 고찰한다."[23]

 실참수행의 측면에서 '소리 | 아는 마음', '움직임 | 아는 마음', '딱딱함 | 아는 마음'을 통해서 아는 마음이 소리·움직임·딱딱함이 사라졌다고 계속 관찰하게 되면 무상의 특상은 드러난다. 일어나고 사라짐에 마음을 잡도리하기 때문이다.

 앉아 있는 자세에서 시간을 늘리게 되면 괴로움이 일어난다. 이때 자세를 바꿀 때 마음을 잡도리하지 않으면 자세를 바꿈에 의해서 괴로움은 가려진다.
 가고 서고 앉고 눕고의 자세에서 자세를 바꾸려 할 때 그때 괴로움은 관찰된다. 이때는 '의도 | 움직임'을 보면서 마음의 의도

---

23) 『청정도론』 제3권 제21장 §3~9

에서 괴로움을 볼 수 있다.

그리고 들숨날숨을 통해 괴로움을 관찰한다. 길게 보면 들숨은 날숨에 압박받고 날숨은 들숨에 압박받는다. 즉 들이쉬면 내쉬어야 한다.

이러한 압박은 숨을 들이쉬는 과정에서도 경험된다.

숨은 코안에서 여러 차례 일어나고 사라지면서 다음의 법을 압박한다.

이렇게 관찰하게 되면 괴로움의 특상은 드러난다.

'소리 | 아는 마음'을 관찰하면서 해체하게 되면 각각의 요소들이 드러난다. 소리라는 법과 귀라는 법, 이식이라는 법, 촉, 느낌, 인식 등의 법들이 드러난다. 이러한 과정은 각각의 요소들이 일어나고 있을 뿐이지 내가 듣는 것이 아닌 과정이다. 이렇게 해체해서 요소로서 마음에 잡도리하게 되면 무아의 특상은 드러난다.

수행자가 경계에 흔들리지 않고 무상·고·무아의 특상을 명확히 이해하고 그것을 실참수행에서 경험하게 되면 생멸의 지혜[후반부]를 구족한 것으로 이해된다.

이제 수행자는 위빳사나 수행에서 가장 중요하다고 할 수 있는 멸괴지를 닦아 나가게 된다.

5. 들숨날숨

들숨날숨은 사념처의 몸의 관찰에서 첫 번째 대상으로 나타나는 수행의 주제이다.

들숨날숨은 사마타의 명상주제이면서 위빳사나의 수행의 대상이 된다.

들숨날숨을 대상이라는 측면에서 아는 것은 중요하다.

들숨날숨은 법체로는 감촉이라는 대상이고 바람의 요소라는 물질이다.

'이 들숨날숨은 마음의 작용으로 일어나지만 몸을 의지해서 일어나기에 몸의 작용이라고 한다.'라고 주석서는 적고 있다.

마음을 조건으로 들숨날숨이라는 바람의 요소라는 물질이 일어나는 것이다. 실참수행에서 보면 '의도 | 들숨날숨 | 아는 마음'으로 나타날 것이다.

(1) 사마타

사마타 수행에서는 '들숨날숨의 표상이 대상이다.'라고 나타난다.

둘숨날숨이라는 법이 직접적인 대상이 아니라 표상이라는 개념이라는 것이다.

여기서 표상이라는 것은 이렇게 이해할 수 있을 것이다. 숨을 그네처럼 왔다 갔다 이미지화한다면 그것은 표상이다.
실참수행의 측면에서 보면 윗입술과 코안에 닿는 '숨을 아는 마음'이 표상이라 할 수 있을 것이다.

이렇게 표상에 마음챙김을 확립하면서 집중하는 것이 준비단계의 표상이고, 이 과정을 거쳐 익힌 표상, 닮은 표상을 일으키게 된다.

이 과정을 한마디로 압축한다면 마음챙기면서 들이쉬고 마음챙기면서 내쉰다고 할 수 있을 것이고, 닮은 표상이 일어나기 전까지 사마타 수행 역시 그 근본은 마음챙김의 숙달인 것으로 이해된다.

(2) 위빳사나

위빳사나 수행자에게 있어서 들숨날숨은 법으로서의 대상이지, 개념으로서의 대상이 아니다.
즉 코안에서 들숨날숨의 감각이 직접적으로 경험될 때 그것은 법을 의미한다.

들숨날숨은 바람의 요소이고 움직임·지탱함이 그 특징이다.
들숨을 들이쉴 때 코안에서 닿고 미는 것이 경험되면 그것은 바람의 요소를 경험하는 것이고 법을 본 것이다.

실참수행에서 보면 이렇게 나타날 것이다.

들숨날숨은 복부에서부터 코안까지 경험된다.
들숨날숨을 복부에서 관찰하게 되면 배는 부풀었다가 꺼짐을 거듭한다.
이 역시 바람의 요소의 특징인 움직임이 일어나고 사라지고 있는 과정이다.
'부품 | 아는 마음', '멈춤 | 아는 마음', '꺼짐 | 아는 마음'으로 법의 특징을 관찰한다. 부품과 꺼짐은 움직임이고, 멈춤은 지탱함이다.

'부품 | 아는 마음', '멈춤 | 아는 마음', '꺼짐 | 아는 마음'을 통해 부품이 사라졌다고, 멈춤이 사라졌다고, 꺼짐이 사라졌다고 관찰하면 무상의 관찰이다.

이러한 과정에서 부풀고 꺼짐도 여러 찰나로 관찰할 수 있다.
마치 한 걸음을 6단계로 나누는 것처럼, 부품도 여러 차례로 나눌 수 있다.
그러면 무상·무상·무상으로 관찰할 수 있을 것이다.

이러한 과정을 코안에 적용시키면 수행자는 좀 더 미세하게 무상을 관찰하게 된다.

들숨을 들이쉴 때 코안에서 닿고 미는 것이 경험되면 그것은 바람의 요소를 경험하는 것이다. 이 움직임이 잘게 부서지면 그것은 생멸이 여러 번 일어난 것으로 이해된다. 이것이 숙달되면 그것은 부서짐, 사라짐, 흩어짐으로 경험될 것이다.

이러한 관찰은 생멸의 지혜, 무너짐을 관찰하는 지혜(멸괴지)를 거쳐서 염오의 지혜를 일으키는 강력한 조건이 된다.

들숨날숨의 16단계에서 13~16단계는 위빳사나의 주제이다. 13번째 단계인 무상의 관찰을 통해서 아래와 같은 방법으로도 생멸의 지혜, 무너짐을 관찰하는 지혜(멸괴지), 염오의 지혜를 일으킬 수 있을 것이다.

① 수행자는 숨을 들이쉬고 내쉬면서 코안의 바람의 요소를 경험하면서 물질은 무상하다고 관찰한다.
② 수행자는 숨을 들이쉬고 내쉬면서 코안의 바람의 요소를 경험하면서 물질은 부서진다고 관찰한다.
③ 수행자는 숨을 들이쉬고 내쉬면서 코안의 바람의 요소를 경험하면서 부서짐은 죽음이라고 관찰한다.
④ 수행자는 숨을 들이쉬고 내쉬면서 코안의 바람의 요소를 경험하면서 부서짐을 본 그 마음도 부서졌다고 관찰한다.

"234. (13) 그러나 네 번째의 네 개조에서 **무상을 관찰하면서**라고 한 구절에서 우선 무상한 것을 알아야 하고, 무상한 성질을 알아야 한다. 여기서 무상한 것이란 다섯 가지 무더기(五蘊)이다.

왜 그런가? 그들은 일어나고 멸하고 변하는 성질을 가졌기 때문이다. 무상한 성질이란 그들에게 존재하는 일어나고 멸하고 변하는 성질이다. 혹은 생겼다가 없어지는 것이다. 생긴 무더기(蘊)가 그 본래의 모습으로 머물지 않고 순간적인 부서짐을 통해 부서진다는 뜻이다. 무상의 관찰이란 그 무상함으로 물질 등에 무상하다고 관찰하는 것이다. 무상을 관찰하는 자란 그 관찰을 하는 자이다. 그러므로 이런 무상을 관찰하는 자가 들이쉬고 내쉴 때 '무상을 관찰하면서 들이쉬리라 내쉬리라고 공부짓는다'고 말한다고 알아야 한다."[24]

들숨날숨은 언제 어디서든 수행의 대상이 될 수 있기에 깨달음을 추구하는 수행자에게 가장 중요한 주제로 여겨진다.
특히 위빳사나 수행의 단계가 높아질수록 미세한 관찰이 필요할 것이며, 거기에 가장 적합한 주제가 들숨날숨이라는 대상으로 이해된다.

"여기서 들숨과 날숨을 닦는 자는 "이 들숨과 날숨은 무엇을 의지하는가? 토대를 의지한다. 토대란 육체(karaja-kāya)이고 육체란 네 가지 근본물질과 파생물질이다."라고 이와 같이 물질(rūpa)을 파악한다. 그다음에 동일한 대상을 가진 감각접촉(觸)을 다섯 번째로 하는 정신(nāma)을 파악한다.
이와 같이 정신·물질을 파악한 뒤 그것의 조건을 탐구하면

---

24) 『청정도론』 제2권 제8장 §234

서 무명으로 시작하는 연기(緣起)를 본다. "이것은 참으로 조건과 조건 따라 생긴 법일 뿐이지 중생이나 인간이라 할 어떤 것도 없다."라고 의심을 건너서 조건 지어진 정신·물질에 대해 [무상·고·무아의] 삼특상을 제기하여 위빳사나를 증장시키면서 순차적으로 아라한과를 얻는다. 이것이 비구가 아라한까지 되는 출구가 된다."²⁵⁾

6. 무너짐을 관찰하는 지혜(멸괴지)

멸괴지는 위빳사나 16단계에서는 일곱 번째 단계이고, 위빳사나 10단계 지혜에서 세 번째 지혜이다.

	(16)	지견청정(도의 지혜, 과의 지혜, 반조의 지혜)
	(15)	종성의 지혜
	(14)	❿ 수순하는 지혜
강한 위빳사나	(13)	❾ 형성된 것들에 대한 평온의 지혜
	(12)	❽ 깊이 숙고하는 지혜 [깊이 숙고하여 관찰하는 지혜]
강한 위빳사나	(11)	❼ 해탈하기를 원하는 지혜
강한 위빳사나	(10)	❻ 염오의 지혜 [염오를 관찰하는 지혜]

---

25) 『네 가지 마음챙기는 공부』 126p

강한 위빳사나	(9)	❺ 위험의 지혜 [위험을 관찰하는 지혜]
강한 위빳사나	(8)	❹ 공포의 지혜 [공포로 나타나는 지혜]
	(7)	❸ <u>무너짐의 지혜</u> [무너짐을 관찰하는 지혜, 멸괴지]
얕은 위빳사나	(6)	❷ 생멸의 지혜 [전반부/후반부]
얕은 위빳사나	(5)	❶ 명상의 지혜
얕은 위빳사나	(4)	도의청정
얕은 위빳사나	(3)	견청정
	(2)	마음청정
	(1)	계청정

　멸괴지는 얕은 위빳사나와 강한 위빳사나를 나누는 기준이 된다.
　멸괴지를 체험했다면 강한 위빳사나를 닦는 수행자가 되고, 멸괴지를 체험하지 못하였다면 아직 얕은 위빳사나의 단계에 머문 수행자라 할 수 있다.

　이러한 측면에서 멸괴지는 위빳사나 수행에서 가장 중요한 지점이라 할 수 있다. 이 단계를 체험할 때 깨달음의 전제조건이 되는 염오의 지혜가 일어나기 때문이다.

　멸괴지는 오온의 무너짐, 부서짐을 통해 해체의 정점에 이르는 단계이고, 가장 수승한 위빳사나를 경험하고 체득하는 과정으로 나타난다.

가장 수승한 위빳사나 중의 하나인 공으로 나타남을 성취할 때 수행자 스스로는 멸괴지의 지혜가 구족된 것으로 이해할 수 있을 것이다.

청정도론은 공으로 나타남을 다음과 같이 적고 있다.
"공으로 나타남: 그가 이와 같이 무너짐을 관찰할 때 '오직 형성된 것들이 부서지고, 그들의 부서짐이 죽음일 뿐 다시 다른 한 물건도 없다.'라고 공으로 나타남을 성취한다."[26]

실참수행의 측면에서 보게 되면 다음과 같이 이해된다.
일어나고 사라짐을 관찰하는 지혜를 통해 무상의 관찰이 능숙해지면 무너짐을 관찰하는 지혜를 닦게 된다.
이 단계에서는 수행자는 법들의 일어남이 아닌 소멸·부서짐·사라짐에 마음을 잡도리하는 것으로 멸괴지를 닦아 나간다.

수행자가 '형색·소리·냄·맛·감촉(지·화·풍) | 아는 마음'에서 아는 마음이 각각의 대상들이 사라졌다고 계속 관찰해 왔다.
즉 명상의 지혜와 생멸의 지혜를 통해 닦아온 것이다.

이러한 관찰이 숙달되면 수행자가 '소리 | 아는 마음'에서 단순히 소리가 사라졌다고 마음에 잡도리하는 것이 아니라, 좀 더 미세하게 마음에 잡도리해서 소리의 사라짐·소멸 부분

---

26) 『청정도론』 제3권 제21장 §24

에 마음챙김을 확립한다. 즉 통찰지의 전이를 경험해야 한다는 의미이다.

이러한 과정이 수행자에게 경험될 때 수행자는 멸괴지를 닦아나가는 조건이 된다고 할 수 있을 것이다.

실참수행에서 멸괴지의 핵심은 '알아진 대상 지혜 둘 다를 위빳사나 한다.'라고 나타난다.

청정도론에는 다음과 같이 적혀있다.

"13. 그 다음에 어떻게 해서 그것이 있는가를 보여주기 위하여 **물질을 대상으로 가졌기 때문에**로 시작하는 문단이 있다. **물질을 대상으로 가졌기 때문에 마음은 일어났다가 부서진다**(rūpārammaṇatā cittaṁ uppajjivā bhijjati)라는 것은 물질을 대상으로 가진 마음은 일어났다가 부서진다(rūpārammaṇañ cittaṁ uppajjivā bhijjati). 혹은 물질을 대상으로 한 상태에서 마음은 일어났다가 부서진다(rūpārammaṇabhāve cittaṁ uppajjivā bhijjati)라는 뜻이다.

그 대상을 깊이 숙고한 다음: 그 물질인 대상을 깊이 숙고한 뒤. 알고서 부서지는 것으로 사라지는 것으로 보고서라는 뜻이다. **그 마음이 무너짐을 관찰한다**: 물질인 대상을 부서지는 것으로 사라지는 것으로 본 그 마음이 무너짐을 다른 마음으로 관찰한다는 뜻이다. 그래서 옛 스승들이 말씀하셨다. "알아진 [대상과] 지혜, 둘 다를 위빳사나한다."[27]

---

27) 『청정도론』 제3권 제21장 §13

이러한 과정은 인식과정을 통해 분명하게 이해해야 한다. (Ⅷ. 위빳사나와 무상 전체 참조)

① 소리(알아진 대상)	② 아는 마음(지혜)	③ 둘 다를 위빳사나
오문인식과정	의문인식과정	의문인식과정

'① 소리 | ② 아는 마음(지혜)'에서 ②번 아는 마음은 무상의 지혜이다.
이 마음이 사라졌다고 ③번 마음이 즉각적으로 관찰하는 것이다.

이러한 과정은 수행자가 명상의 지혜에서 정신에 대한 깔라빠를 명상하는 과정에서 쌍으로, 순간으로, 차제로 명상하면서 숙달시켜 왔다.

이것을 이제 즉각적으로 현재의 법으로 관찰하면서 알아신 대상과 지혜 둘 다를 위빳사나하며 닦아 나간다.

소리가 들리는 순간 '소리 | 아는 마음'으로 구분된다. '① 소리 | ② 아는 마음'으로 구분할 때, 수행자는 ②번 아는 마음을 대상으로 한 마음을 일으키게 된다.
그렇게 되면 '① 소리 | ② 아는 마음 | ③ 아는 마음'으로 나타난다.
③번 아는 마음을 통해 ②번 아는 마음이 사라지는 것을 분명

히 본다.
　이것이 알아진 대상, 지혜 둘 다를 위빳사나한다는 의미이다.

　이렇게 계속 관찰해 나가면 대상을 바꿈, 통찰지의 전이, 전향하는 힘을 경험하게 된다.
　이러한 과정을 코안에서 닿고 미는 것으로 느껴지는 바람의 요소를 대상으로 관찰하게 되면 부서짐, 사라짐, 소멸이 경험될 것이다.

　이러한 경험을 토대로 상카라들이 무너지고 부서지고 죽어가는 것을 경험하는 지혜는 일어나게 되고, 그 지혜가 공으로 나타나게 되면 수행자는 수승한 위빳사나를 경험했다고 여겨진다.

　"공으로 나타남: 그가 이와 무너짐을 관찰할 때 '오직 상카라들이 부서지고, 그들의 부서짐이 죽음일 뿐 다시 다른 한 물건도 없다.'라고 공으로 나타남을 성취한다."

　무너짐을 관찰하는 지혜(멸괴지)의 핵심은 무너짐, 부서짐, 죽음으로 이해된다.
　매 찰나 오온이 무너지고 부서지고 죽어감을 경험할 때 공포는 올라올 수밖에 없을 것이다.

　멸괴지를 통해 오온의 무너짐, 부서짐, 죽어감을 경험하고 그 결과로서 공포가 올라올 때 멸괴지의 지혜는 구족된 것으로 이해된다.

이제 수행자는 깨달음의 전제조건이 되는 염오의 지혜를 닦기 위해 다음 단계로 나아간다.

청정도론은 다음과 같이 적고 있다.
"31. 이것은 다른 비유이다. 자궁이 감염된 어떤 여인이 열 명의 아들을 낳았다고 한다. 그중에서 아홉 명은 이미 죽었고, 한 명은 그녀의 손에서 죽어가고 있었고, 다른 한 아이는 배 속에 있었다. 그녀는 아홉 명은 이미 죽었고 열 번째가 죽어가고 있는 것을 보고 '이 아이도 역시 저들과 같은 운명이 될 것이다.'라고 여기면서 배 속에 있는 아이에 대한 집착을 버렸다.

수행자가 과거의 형성된 것들이 소멸함을 보는 것은 마치 그 여인이 아홉 명의 아들의 죽음을 기억하는 것과 같고, 현재의 형성된 것들이 소멸함을 보는 것은 그녀가 자기 손에서 한 아들이 죽어가는 모습을 보는 것과 같고, 미래의 형성된 것들의 소멸함을 보는 것은 배 속에 있는 아이에 대한 집착을 버리는 것과 같다. 이와 같이 볼 때 이 순간에 그에게 공포로 나타나는 지혜가 일어난다."[28]

---

28) 『청정도론』 제3권 제21장 §31

7. 공포의 지혜(염오)

공포의 지혜는 강한 위빳사나인 염오에 포함되고, 위빳사나 10단계에서는 네 번째 단계로 나타난다.
청정도론에는 '공포로 나타나는 지혜'로 적혀있다.

깨달음이 일어나기 위해서는 염오가 일어나야 하고, 그 염오의 지혜들 중에서 첫 번째가 바로 공포의 지혜이다.

수행자가 들숨날숨 등 형성된 것들의 무너짐·부서짐·죽음을 통해 공포를 경험했다면 공포의 지혜가 구족된 것이고, 이 부분은 수행자 스스로가 점검할 수 있는 부분이다.

이 공포의 지혜를 스스로 경험할 수 없다면 수행자는 위빳사나의 단계를 다시 점검해야 할 것이고, 들숨날숨 등의 관찰을 통해서 공포가 올라온다면 더욱더 공포의 지혜를 닦아야 한다.
공포의 지혜가 성숙되면 위험함과 염오(역겨움)는 자연스럽게 경험될 것이다.

❹ 공포로 나타나는 지혜, ❺ 위험을 관찰하는 지혜, ❻ 염오를 관찰하는 지혜를 청정도론에서는 다음과 같이 적고 있다.

[청정도론 XXI]: "44. 이 염오를 관찰하는 지혜는 이전의 두

가지 지혜 [즉, 공포로 나타나는 지혜와 위험함을 관찰하는 지혜]와 뜻으로는 같다. 그래서 옛 스승들이 말씀하셨다.

"공포로 나타남은 하나이지만 세 가지 이름을 얻는다. 이것은 모든 형성된 것들을 공포로 보기 때문에 공포로 나타남이라는 이름을 얻는다. 그 형성된 것들에 대해 위험을 일으키기 때문에 위험함을 관찰하는 지혜라는 이름을 얻는다. 그 형성된 것들에 역겨워하는 마음을 일으키기 때문에 염오를 관찰하는 지혜라는 이름을 얻는다."

성전에서도 이와 같이 설하였다. "공포로 나타남에 대한 통찰지, 위험함에 대한 지혜, 염오 — 이 법들은 뜻으로는 같고 문자만 다르다."(Ps.ii.63)"[29]

공포의 지혜, 위험의 지혜, 염오의 지혜는 같은 지혜이다.

수행자는 이러한 지혜들을 스스로 경험할 수 있고 점검할 수 있다.

이러한 점검은 수행자 스스로 바른길을 가고 있는지에 대한 지도이자 길잡이가 된다.

이러한 단계는 청정도론에 잘 나타나고 있다.

수행자가 공포의 지혜, 위험의 지혜, 염오의 지혜들을 경험할 때 자연스럽게 해탈하고자 하는 지혜는 일어날 것이고 수행자는 다음 단계로 나아가게 된다.

---

29) 『아비담마 길라잡이』 제2권 356p

|강한 위빳사나| ❿ 수순하는 지혜
|강한 위빳사나| ❾ 형성된 것들에 대한 평온의 지혜
　　　　　　　❽ 깊이 숙고하는 지혜 [깊이 숙고하여 관찰하는 지혜]
|강한 위빳사나| ❼ 해탈하기를 원하는 지혜
|강한 위빳사나| ❻ 염오의 지혜 [염오를 관찰하는 지혜]
|강한 위빳사나| ❺ 위험의 지혜 [위험을 관찰하는 지혜]
|강한 위빳사나| ❹ <u>공포의 지혜</u> [공포로 나타나는 지혜]
　　　　　　　❸ 무너짐의 지혜 [무너짐을 관찰하는 지혜, 멸괴지]
|얕은 위빳사나| ❷ 생멸의 지혜 [전반부/후반부]
|얕은 위빳사나| ❶ 명상의 지혜

8. 해탈하기를 원하는 지혜

공포, 위험함, 역겨움을 경험한 수행자에게는 당연히 거기에서 벗어나고자 하는 마음이 일어난다. 이 마음이 바로 해탈하기를 원하는 지혜이다.

이 해탈하기를 원하는 지혜는 깊이 숙고하는 지혜, 형성된 것들에 대한 평온의 지혜와 같은 지혜라고 청정도론은 적고 있다.

" 81. … 처음 단계에서 역겨움의 지혜로써 역겨워하는 자가 일어남 등을 버리기를 원함이 해탈하기를 원함이고, 벗어나는 방편을 찾기 위해 중간에 깊이 숙고하는 것이 깊이 숙고함이고, 해탈한 뒤 마지막에 침착함이 평정이다. 이것에 대해서 "일어남이 형성된 것들이다. 그 형성된 것들에 대해 침착함이 형성된 것들에 대한 평온이다.(Ps.ii.64)"라고 설하셨다. 이와 같이 이 [세 가지] 지혜는 오직 하나이다.[30]

수행자가 해탈하기를 원하는 지혜가 일어났다면 형성된 것들에 대해서 다시 한번 깊이 숙고해야 한다.

수행자는 명상의 지혜에서 40가지 오온의 관찰을 외우면서 인식해 왔다.
이제 다시 형성된 것들에 대해서 아래와 같이 파악하면서 진정으로 넌더리 치게 되는 과정을 경험해 나간다.

"형성된 것들은 영원하지 않고, 일시적인 것이고, 일어나고 사라짐에 제한된 것이고, 붕괴하는 것이고, 떨리는 것이고, 부서지기 쉬운 것이고, 지속되지 않는 것이고, 변하는 것이고, 실체가 없는 것이고, 복리가 없는 것이고, 형성된 것이고, 죽기 마련인 법이기 때문에, 이와 같은 이유로 무상이라고 본다.

이 형성된 것들은 계속해서 압박받고, 견디기 어렵고, 괴로움

---

[30] 『청정도론』 제3권 제20장 §81

의 토대이고, 병이고, 종기이고, 화살이고, 재난이고, 질병이고, 전염병이고, 재앙이고, 두려움이고, 협박이고, 보호가 없고, 피난처가 없고, 귀의처가 없고,

위험이고, 재난의 뿌리이고, 살인자이고, 번뇌에 물들기 쉽고, 마라의 미끼이고, 태어나기 마련인 법이고, 늙기 마련인 법이고, 병들기 마련인 법이고, 근심하기 마련인 법이고, 탄식하기 마련인 법이고, 절망하기 마련인 법이고, 오염되기 마련인 법이기 때문에, 이와 같은 이유로 괴로움이라고 본다.

이 형성된 것들은 아름답지 않고, 악취가 나고, 불쾌하고, 혐오스럽고, 장식으로 가장할 수 없고, 보기 흉하고, 메스껍기 때문에, 또한 괴로운 특징으로 둘러싸여 있기 때문에, 이와 같은 이유로 더러움(不淨)으로 본다.

이 형성된 것들은 남이고, 비었고, 허하고, 공하고, 주인이 없고, 지배력을 행사할 수 없고, 자유스럽지 않기 때문에, 이와 같은 이유로 무아라고 본다."[31]

수행자는 형성된 것들에 대해 무상·고·무아·부정이라고 깊이 숙고하고, 오온은 진짜로 무상하고 괴롭고 무아이고 부정한 것일 뿐이라고 파악하고 이제 다음 단계인 형성된 것들에 대한 평온의 지혜로 나아간다.

---

31) 『청정도론』 제3권 제20장 §48

이 단계는 전도된 인식, 즉 상락아정이라는 잘못된 인식에서 무상·고·무아·부정으로 인식하는 과정으로 이해되고 반야심경의 원리전도몽상(遠離顚倒夢想)과 비견될 수 있을 것이다.

9. 형성된 것들에 대한 평온의 지혜(공성의 체득)

형성된 것들에 대한 평온의 지혜는 공함을 파악하는 것으로 시작해서 그것들을 '나'라거나 '내 것'이라고 취하지 않고 무관심하고 중립적이 되는 지혜로 이해할 수 있다.

그리고 형성된 것들에 대한 평온의 지혜, 즉 공성의 체득은 강한 위빳사나인 염오의 마지막 단계로 나타난다.

불교의 근본은 무아이다. 이 무아를 이해하고 경험하고 있는 경지가 공성의 체득으로 볼 수 있을 것이다.

공성의 체득은 위빳사나 수행에서 사실상 마지막 단계이고, 공성이 체득된 경지에서 해탈의 관문과 도의 출현으로 인도하는 위빳사나는 수순하는 지혜가 일어나기 위한 조건이 된다.

그러므로 공성의 체득은 가장 중요한 경지라 할 수 있고, 위빳사나 수행의 단계는 사실상 이 경지에 이르기 위한 과정이라고 이해할 수 있을 것이다.

공함을 닦는 것은 이렇게 이해된다.

소리가 들린다. 오온이 일어난 것이다.

이러한 오온의 현상을 내가 듣는다고 착각하면 공성이 체득된 것이 아니다.

오온의 현상을 '내'가 아니고, '내 것'이 아니라고 봐야 한다.

수행자는 사념처를 닦으면서 원인과 조건을 꿰뚫어 보아 왔다.

즉 소리와 귀를 조건으로 소리를 아는 마음이 일어난 것을 본 것이다.

이때 '내'가 아니고, '내 것'이 아니라는 것이 분명히 드러난다.

이렇게 조건발생으로 일어난 현상을 '내'가 아니고, '내 것'이 아니라고 보는 것이 공함을 보는 것이다.

여기서 공함이란 개념적 존재의 공함이다.

행주좌와 어묵동정 대소변리 착의끽반은 개념적 존재이다.

이러한 개념적 존재를 오온의 현상(법)으로 보게 되면, 그러한 오온의 현상에서 나를 찾을 수도 없고, 오온의 현상이 내가 아니고, 오온의 현상이 내 것도 아니고, 오온의 현상이 남의 것도 아니라고 4가지로 파악해 나가게 된다.

그리고 오온의 현상은 내가 아니고, 나에게 속하는 것도 아니고, 항상한 것도 아니고, 지속하는 것도 아니고, 영원한 것도 아니고, 변하지 않는 것도 아니라고 6가지로 파악하고, 다시 8가지, 12가지, 42가지로 공함을 파악해 나간다고 청정도론에 나타난다.

　이렇게 계속 관찰하게 되면 공함은 드러나고, 공성은 체득된다.
　공성이 체득된 경지에서 오온을 무상·고·무아일 뿐이라고 파악하게 되면 무관심하게 되고 중립적이 되고, '나'라거나 '내 것'이라고 취하지 않는다고 청정도론은 적고 있다.

　"61. 이와 같이 공하다고 보면서 세 가지 특상을 제기하고 형성된 것들을 파악할 때 공포와 즐거워함을 버리고 형성된 것들에 대해 무관심하게 되고 중립적이 되고, '나'라거나 '내 것'이라고 취하지 않는다. 아내와 이혼한 남자처럼."[32]

　같이 살고 있는 아내에게는 많은 의미 부여를 통해 '나'라거나 '내 것'이라고 취할 수 있지만, 이혼해 버려서 남남이 되어 버리면 그렇지 않게 된다.
　우리는 나와 상관없는 남에게는 의미를 부여하지 않는다. 여기서 의미란 취착으로 이해된다.
　그렇듯이 지금 일어나고 있는 오온의 현상에 공포가 올라오든 즐거움이 올라오든 그것을 남의 것이라고 봐버리면 의미 부여는 일어나지 않고, 무관심하게 되고 마음은 편안해질 것이다.

---

32) 『청정도론』 제3권 제21장 §61

수행자가 현재의 현상인 오온을 이러한 관점으로 보게 되면, 그것이 '형성된 것들에 대한 평온의 지혜' 즉 공성이 체득된 경지로 이해된다.

이제 수행자는 위빳사나 10단계 지혜에서 마지막 단계인 수순하는 지혜에 이르기 위해 해탈의 관문에 들어서야 한다.

	❿ 수순하는 지혜
강한 위빳사나	❾ 형성된 것들에 대한 평온의 지혜(공성의 체득)
	❽ 깊이 숙고하는 지혜 [깊이 숙고하여 관찰하는 지혜]
강한 위빳사나	❼ 해탈하기를 원하는 지혜
강한 위빳사나	❻ 염오의 지혜 [염오를 관찰하는 지혜]
강한 위빳사나	❺ 위험의 지혜 [위험을 관찰하는 지혜]
강한 위빳사나	❹ 공포의 지혜 [공포로 나타나는 지혜]
	❸ 무너짐의 지혜 [무너짐을 관찰하는 지혜, 멸괴지]
얕은 위빳사나	❷ 생멸의 지혜 [전반부/후반부]
얕은 위빳사나	❶ 명상의 지혜

10. 해탈의 관문과 천착과 출현

오온을 '나'라거나 '내 것'이라고 여기지 않게 되고 마치 이혼한 아내처럼 무관심하게 중립적으로 보는 지혜가 '형성된 것들에 대한 평온의 지혜', 즉 공성의 체득이다.

이제 공성이 체득된 수행자는 해탈의 관문을 통해서 더 구체적으로는 천착과 출현을 통해서 수순하는 지혜에 이르기 위해서 다시 무상·고·무아를 관찰해야 한다.

청정도론은 다음과 같이 적고 있다.
"67. 세 가지 관찰을 세 가지 해탈의 관문(vimokkha-mukha)들이라 부른다. 이처럼 말씀하셨다. "이 세 가지 해탈의 관문들은 세상으로부터 벗어나도록 인도한다. ① 모든 형성된 것들이 한정되어 있고 둘러싸여 있는 것으로 보게 하고, 마음이 표상이 없는(無相) 경지(dhātu, 界)로 들어가게 한다. ② 모든 형성된 것들에 대해 마노를 분발시키고, 마음이 원함이 없는(無願) 경지(界)로 들어가게 한다. ③ 모든 법들을 타인으로 보게 하고, 마음이 공(空)한 경지(界)로 들어가게 한다. 이 세 가지 해탈의 관문들은 세상으로부터 벗어나도록 인도한다.(Ps.ii.48)"[33]

세상으로부터 벗어나는 해탈의 관문은 세 가지이며 무상해탈,

---

33) 『청정도론』 제3권 제21장 §67

무원해탈, 공해탈로 나타난다.
　그 해탈의 관문에 들어서기 위해 수행자는 무상·고·무아의 관찰을 다음과 같이 닦아야 한다.

　청정도론은 이렇게 적고 있다.
　"69. 이처럼 이 세 가지 구절은 무상에 대한 관찰 등으로 설하셨다고 알아야 한다. 그래서 바로 다음에 질문에 대답하시면서 이렇게 설하셨다. "무상이라고 [형성된 것들을] 마음에 잡도리할 때 형성된 것들은 부서짐으로 나타난다. 괴로움이라고 마음에 잡도리할 때 형성된 것들은 공포로 나타난다. 무아라고 마음에 잡도리할 때 형성된 것들은 공으로 나타난다.(Ps.ii.48)"[34]

　공성이 체득된 수행자가 들숨날숨을 들이쉬고 내쉬면서 형성된 것에 대해 무상이라고 마음에 잡도리하게 되면 형성된 것은 부서짐으로 나타나고, 괴로움이라고 마음에 잡도리하게 되면 공포로 나타나고, 무아라고 마음에 잡도리하게 되면 공으로 나타날 것이다.
　이렇게 경험되는 수행자는 해탈의 관문에 들어선 것으로 이해된다.

　이제 관문을 통과함에 있어서 좀 더 구체적인 방법이 나타나는데 그것은 천착과 출현이다. 천착은 문을 뚫고 들어가는 것

---

34) 『청정도론』 제3권 제21장 §69

이고 출현은 빠져나가는 것이다. 이 방법은 18가지로 나타나며 '도의 출현으로 인도하는 위빳사나'라고 청정도론은 적고 있다.

"83. 이와 같이 형성된 것들에 대한 평온을 얻은 선남자의 위빳사나는 정점에 이르렀고 [도의] 출현으로 인도한다. '정점에 이른(sikhāppattā)' 위빳사나 혹은 '[도의] 출현으로 인도하는(vuṭṭhāna-gāminī) 위빳사나'는 형성된 것들에 대한 평온 등 세 가지 지혜의 이름이다. 이것은 정점인 최상의 상태에 이르렀기 때문에 '정점에 이르렀다.' 하고, 출현으로 향해가기 때문에 '출현으로 인도한다.'라고 한다. 밖으로는 표상(nimitta)이라는 집착의 대상으로부터, 안으로는 [오염원들과 무더기들의] 일어남으로부터 출현했기 때문에 도의 출현(vuṭṭhāna)이라 부른다. 그곳으로 가기 때문에 출현으로 인도한다고 한다. 도와 함께 결합한다는 뜻이다."

"84. 여기서 천착(abhinivesa)과 출현의 설명을 위하여 마띠까(matikā, 論母)가 있다.
① 안을 천착한 뒤 안으로부터 출현한다.
② 안을 천착한 뒤 밖으로부터 출현한다.
③ 밖을 천착한 뒤 밖으로부터 출현한다.
④ 밖을 천착한 뒤 안으로부터 출현한다.
⑤ 물질을 천착한 뒤 물질로부터 출현한다.
⑥ 물질을 천착한 뒤 정신으로부터 출현한다.

⑦ 정신을 천착한 뒤 정신으로부터 출현한다.
⑧ 정신을 천착한 뒤 물질로부터 출현한다.
⑨ 한 번에 다섯 무더기들로부터 출현한다.
⑩ 무상이라고 천착한 뒤 무상으로부터 출현한다.
⑪ 무상이라고 천착한 뒤 괴로움으로부터 출현한다.
⑫ 무상이라고 천착한 뒤 무아로부터 출현한다.
⑬ 괴로움이라고 천착한 뒤 괴로움으로부터 출현한다.
⑭ 괴로움이라고 천착한 뒤 무상으로부터 출현한다.
⑮ 괴로움이라고 천착한 뒤 무아로부터 출현한다.
⑯ 무아라고 천착한 뒤 무아로부터 출현한다.
⑰ 무아라고 천착한 뒤 무상으로부터 출현한다.
⑱ 무아라고 천착한 뒤 괴로움으로부터 출현한다."[35]

공성의 체득은 위빳사나 10단계 지혜에서 아홉 번째 단계이다. 공성이 체득됨으로서 사실상의 수행은 끝이 나게 된다. 수행이 끝났다고 해서 깨달음이 일어난 것은 아니다.

공성이 체득된 경지에서 수행자는 무상·고·무아의 관찰을 통해 부서짐, 공포, 공을 경험함으로써 해탈의 관문에 들어서게 되고, 그 문에서 천착과 출현을 통해 문을 뚫고 빠져나가 수순하는 지혜에 이르게 됨으로써 깨달음은 일어나게 된다.

---

[35] 『청정도론』 제3권 제21장 §83, 84

『아비담맛타 상가하』는 다음과 같이 적고 있다.

"그가 이와 같이 도 닦을 때 위빳사나가 무르익어 본삼매가 일어날 때에 존재지속심을 끊고 의문전향이 일어난다. 그다음에 둘 혹은 세 개의 위빳사나 마음이 무상 등의 특상 중 어떤 하나를 대상으로 일어난다. 그들은 준비, 근접, 수순이라 이름한다.

[위빳사나가] 정점에 도달했을 때 그 수순하는 지혜와 함께하는 형성된 것들[行]에 대한 평온의 지혜를 '출현으로 인도하는 위빳사나'라 부른다.

그다음에 열반을 대상으로 종성(種姓)의 마음이 일어난다. 이것은 범부의 종성을 벗고 성자의 종성에 참여한다.

그다음에 [예류]도가 괴로움의 진리를 철저하게 알고, 일어남의 진리를 버리고, 소멸의 진리를 실현하고, 도의 진리를 닦으면서 [출세간의] 본삼매 인식과정에 들어간다.

그다음에 둘 혹은 셋의 과의 마음이 일어났다 멸한다. 그다음에 존재지속심으로 들어간다."[36]

이렇게 해서 도와 과 깨달음은 일어나게 되고, 세상에서 벗어나게 된다.

청정도론에서 행도 지견청정의 마지막 문구는 다음과 같이 나타난다.

---

36) 『아비담마 길라잡이』 제9장 §34-1, 34-2

"136. 이와 같이 대성인께서는 여러 가지 이름으로
고요하고 청정한 출현에 이르는 위빳사나를 칭송하셨다.
광활하고 두렵고 괴로움의 늪인 윤회에서
벗어나고자 하는 현자는
항상 여기에 따라 수행해야 한다."[37]

11. 깨달음의 단계

불교 깨달음은 순차적인 단계와 구체적 방법을 거쳐서 일어나게 된다.
특히 위빳사나 수행의 단계는 더욱더 그러하다.

수행의 마지막 단계인 공성의 체득은 깨달음이 일어나는 조건이 되며, 깨달음은 공성이 체득된 경지에서 해탈의 관문을 통해서, 천착과 출현을 통해서, 그리고 깨달음의 구성요소의 차이를 통해서 일어난다고 청정도론은 상세하게 적고 있다.

이렇듯 깨달음은 순차적인 단계와 구체적 방법을 거치게 된다.
그리고 이러한 과정은 수행자 누구에게나 적용되어야 한다.
만약 그렇지 않다면 깨달음은 문득 무작위로 각각 일어나는 것이 되고 만다.

---

37) 『청정도론』 제3권 제21장 §136

그렇기 때문에 청정도론에서는 '항상 여기에 따라 수행해야 한다.'라고 적고 있는 것으로 필자는 이해하고 있다.

'이와 같이 대성인께서는 여러 가지 이름으로
고요하고 청정한 출현에 이르는 위빳사나를 칭송하셨다.
광활하고 두렵고 괴로움의 늪인 윤회에서
벗어나고자 하는 현자는
항상 여기에 따라 수행해야 한다.'

필자는 위빳사나 수행의 단계에서 수행자가 통과해야 할 관문을 크게 세 가지로 이해하고 있다.
그리고 이러한 관문을 통과하기 위해서는 수행자는 교학과 아비담마의 이론적 체계라는 튼튼한 갑옷으로 반드시 무장하여야 한다는 견해를 가지고 있다.

수행자가 통과해야 할 첫 번째 관문은 조건과 찰나이다.
이 관문은 위빳사나 10단계 지혜에서 두 번째인 '생멸의 지혜' 전반부에 해당한다.
조건과 찰나를 통해 사성제·진리·연기·방법이 분명해진 수행자는 첫 번째 관문을 통과한 것이고, 위빳사나를 시작한 자라는 명칭을 얻게 된다.
여기서 분명해진다는 것은 깨달음을 얻은 것이 아니라 사성제를 분명하게 보는 것을 의미한다.

두 번째 관문은 무너짐의 지혜(멸괴지)와 공포의 지혜이다.

위빳사나 10단계 지혜에서 세 번째인 '무너짐의 지혜(멸괴지)'를 통해,

'오직 상카라들이 부서지고, 그들의 부서짐이 죽음일 뿐 다시 다른 한 물건도 없다.'라고 하는 공으로 나타남을 성취해야 한다.

이러한 결과로 무섭지 않은 공포를 경험함으로써 공포의 지혜를 구족한 것이고 두 번째 관문을 통과하게 된다.

세 번째는 해탈의 관문이다.

해탈의 관문은 위빳사나 10단계 지혜에서 아홉 번째인 '형성된 것들에 대한 평온의 지혜(공성의 체득)'에 포함되어 있다. 무상이라고 마음에 잡도리할 때 부서짐으로, 괴로움이라고 마음에 잡도리할 때 공포로, 무아로 마음에 잡도리할 때 공을 체득하여야 하는 관문이다.

이것을 경험한 수행자는 세 번째 관문을 통과하게 된다.

필자는 위빳사나 수행에 있어서 수행자가 통과해야 할 관문을 분명히 보아야 하는 첫 번째 단계, 성취해야 하는 두 번째 단계, 체득해야 하는 세 번째 단계라는 세 단계로 나타난다고 개인적으로 이해하고 있다.

청정도론에서는 간략하게 다음과 같이 비유하고 있다.

"98. (5) 야차녀: 한 남자가 야차녀(yakkhī)와 함께 살고 있었다고 한다. 그녀는 밤에 '이 남자가 잠들었겠지.' 생각하고 시체가

흩어져 있는 묘지로 가서 사람의 살을 뜯어 먹었다. 그는 '이 여인이 어딜 가지?'라고 궁금해하면서 따라가다 사람의 살을 뜯어 먹는 것을 보고 그녀가 사람이 아니라는 사실을 알았다. '나를 잡아먹기 전에 도망가야지.'라고 두려워하면서 급히 도망가서 안전한 곳에 섰다.

99. 여기서도 [범부가] 무더기(蘊)들을 '나'라거나 '내 것'이라고 거머쥐는 것은 야차녀와 함께 사는 것과 같다. 무더기들의 세 가지 특상을 보고 무상 등의 성질을 아는 것은 공동묘지에서 인간의 살점을 뜯어먹는 것을 보고 '야차녀로구나'라고 아는 것과 같다.

 공포로 나타나는 지혜는 두려워하는 것과 같고 해탈하기를 원하는 지혜는 도망가기를 원하는 것과 같고, 고뜨라부의 지혜는 묘지를 떠나는 것과 같고, 도의 지혜는 급히 도망가는 것과 같고, 과의 지혜는 두려움 없는 곳에 머무는 것과 같다. 이처럼 적용해서 보아야 한다."[38]

 청정도론의 비유에 나타나듯이 야차녀와 살고 있는 '나'는 오취온이다.
 이 오취온을 해체해서 보게 되면 무상·고·무아가 드러난다.
 무상·고·무아로 보는 것은 야차녀와 함께 사는 것을 아는 것이고, 이것은 위빳사나 생멸의 지혜, 무너짐의 지혜(멸괴지)와

---

38) 『청정도론』 제3권 제21장 §98~99

비견된다.

그리고 야차녀를 두려워해서 공포가 나타나는 것은 멸괴지를 조건으로 공포의 지혜가 일어난 것이고, 이 지혜를 조건으로 해탈하기를 원하는 지혜, 종성, 도와 과가 일어나는 과정으로 이해된다.

이러한 과정 역시 경에 다음과 같이 나타난다.
압축해서 보게 되면 '① 해체해서 보기 ② 무상·고·무아 ③ 염오 ④ 이욕 ⑤ 해탈 ⑥ 구경해탈지'로 드러남을 알 수 있다.

해체해서 보기는 '나'라는 현상을 오온의 법으로 해체해서 보는 것이다. 이 과정에서 교학과 아비담마의 이해는 필요조건이다.
법으로 해체하게 되면 **무상·고·무아**가 드러난다.
이 과정은 생멸의 지혜, 무너짐의 지혜(멸괴지)와 비견된다.

무너짐의 지혜(멸괴지)를 거쳐서 강한 위빳사나가 나타나는데, 그 강한 위빳사나가 **염오**이다. 염오는 공포의 지혜, 위험함의 지혜, 염오의 지혜가 한 그룹이고, 해탈하기를 원하는 지혜와 형성된 것들에 대한 평온의 지혜가 한 그룹으로 이해된다.

이 염오를 조건으로 이욕과 해탈, 구경해탈지가 일어난다.
이욕은 도이고, **해탈**은 과이고, **구경해탈지**는 아라한과의 반조이다.

이렇게 해서 깨달음의 단계는 '① 해체해서 보기 ② 무상·고·무아 ③ 염오 ④ 이욕 ⑤ 해탈 ⑥ 구경해탈지'로 이해할 수 있으며, 이러한 과정은 『상윳따 니까야』 등의 수백 군데 경에 나타난다.

특히 부처님의 두 번째 설법이고, 이 설법을 듣고 오비구가 아라한이 된 「무아의 특징 경」에서도 잘 나타나고 있다.

깨달음을 추구하는 수행자는 이러한 순차적인 단계와 구체적 방법이 있음을 반드시 이해하고 수행에 임해야 하고, 특히 위빳사나 수행의 체계적 단계와 방법은 2,600년 불교 역사의 부동의 준거가 되고 부처님의 음성이라는 법명을 가진 붓다고사 스님이 저술한 『청정도론』에 심도 있게 나타나고 있음을 알고 여기에 의지해서 수행해야 할 것이다.

수행자가 여기에 의지해서 수행할 때 '법을 보는 자 나를 본다', '내가 가고 난 후에는 법과 율이 그대들의 스승이 될 것이다.'라는 부처님의 말씀을 의지해서 수행하는 것이라고 필자는 이해하고 있고 따르고 있다.

위빳사나가 끝났다.

무아의 특징 경(S22:59)

1. 이와 같이 나는 들었다. 한때 세존께서는 바라나시에서 이시삐따나의 녹야원에 머무셨다.

2. 거기서 세존께서는 "비구들이여."라고 오비구를 부르셨다. "세존이시여."라고 비구들은 세존께 응답했다. 세존께서는 이렇게 말씀하셨다.

3. "비구들이여, 물질은 무아다. 만일 물질이 자아라면 이 물질은 고통이 뒤따르지 않을 것이다. 그리고 물질에 대해서 '나의 물질은 이와 같이 되기를. 나의 물질은 이와 같이 되지 않기를.'이라고 하면 그대로 될 수 있을 것이다.

비구들이여, 그러나 물질은 무아이기 때문에 물질은 고통이 따른다. 그리고 물질에 대해서 '나의 물질은 이와 같이 되기를. 나의 물질은 이와 같이 되지 않기를.'이라고 하더라도 그대로 되지 않는다.

비구들이여, 느낌은 … 인식은 … 심리현상들은 … 알음알이는 무아다. 만일 알음알이가 자아라면 이 알음알이는 고통이 따르지 않을 것이다. 그리고 알음알이에 대해서 '나의 알음알이는 이와 같이 되기를. 나의 알음알이는 이와 같이 되지 않기를.'이라고 하면 그대로 될 수 있을 것이다.

비구들이여, 그러나 알음알이는 무아이기 때문에 알음알이는 고통이 따른다. 그리고 알음알이에 대해서 '나의 알음알이는 이와 같이 되기를. 나의 알음알이는 이와 같이 되지 않기를.'이라고 하더라도 그대로 되지 않는다."

4. "비구들이여, 이를 어떻게 생각하는가? 물질은 항상한가, 무상한가?"
"무상합니다, 세존이시여."
"그러면 무상한 것은 괴로움인가, 즐거움인가?"
"괴로움입니다, 세존이시여."
"그러면 무상하고 괴로움이고 변하기 마련인 것을 두고 '이것은 내 것이다. 이것은 나다. 이것은 나의 자아다.'라고 관찰하는 것이 타당하겠는가?"
"그렇지 않습니다, 세존이시여."
"비구들이여, 이를 어떻게 생각하는가? 느낌은 … 인식은 … 심리현상들은 … 알음알이는 항상한가, 무상한가?"
"무상합니다, 세존이시여."
"그러면 무상하고 괴로움이고 변하기 마련인 것을 두고 '이것은 내 것이다. 이것은 나다. 이것은 나의 자아다.'라고 관찰하는 것이 타당하겠는가?"
"그렇지 않습니다, 세존이시여."

5. "비구들이여, 그러므로 그것이 어떠한 물질이건, 그것이 과거의 것이건 미래의 것이건 현재의 것이건 안의 것이건 밖의 것이건 거칠건 미세하건 저열하건 수승하건 멀리 있건 가까이 있

건 '이것은 내 것이 아니요, 이것은 내가 아니며, 이것은 나의 자아가 아니다.'라고 있는 그대로 바른 통찰지로 보아야 한다.

비구들이여, 그것이 어떠한 느낌이건 … 그것이 어떠한 인식이건 … 그것이 어떠한 심리현상들이건 … 그것이 어떠한 알음알이건, 그것이 과거의 것이건 미래의 것이건 현재의 것이건 안의 것이건 밖의 것이건 거칠건 미세하건 저열하건 수승하건 멀리 있건 가까이 있건 '이것은 내 것이 아니요, 이것은 내가 아니며, 이것은 나의 자아가 아니다.'라고 있는 그대로 바른 통찰지로 보아야 한다."

6. "비구들이여, 이와 같이 보는 잘 배운 성스러운 제자는 물질에 대해서도 염오하고 느낌에 대해서도 염오하고 인식에 대해서도 염오하고 심리현상들에 대해서도 염오하고 알음알이에 대해서도 염오한다. 염오하면서 탐욕이 빛바래고, 탐욕이 빛바래기 때문에 해탈한다. 해탈하면 해탈했다는 지혜가 있다. '태어남은 다했다. 청정범행(梵行)은 성취되었다. 할 일을 다 해 마쳤다. 다시는 어떤 존재로도 돌아오지 않을 것이다.'라고 꿰뚫어 안다."

7. 세존께서는 이렇게 말씀하셨다. 오비구는 흡족한 마음으로 세존의 말씀을 크게 기뻐하였다. 이 상세한 설명[授記]이 설해졌을 때 오비구는 취착이 없어져서 번뇌들로부터 마음이 해탈하였다.

| 맺는말 |

  불교 교학과 수행의 방법을 한 단어로 압축해서 말하라고 한다면 필자는 '해체'라고 말한다.
  해체는 지금 이 찰나를 개념이 아닌 현상으로, 즉 법으로 설명해 냄을 뜻한다.

  지금 일어나고 있는 찰나는 개념적으로는 나와 세상이다. 이 나와 세상이라는 개념에 무한한 의미를 부여하게 되면 생사윤회의 고통은 이어지게 되고, 지금 이 찰나를 해체하게 되면, 즉 법으로 설명해 내면 생사윤회의 고통에서 벗어나는 조건을 만들게 된다.

  소리가 들린다.
  나와 세상이 일어나는 순간이다. 이 순간을 설명해 내지 못하면 '내'가 나타난다. 그러나 해체하게 되면 소리와 귀와 소리를 아는 마음이 드러나고 보게 된다.
  이 소리와 귀와 아는 마음은 법이다.

  법으로 관찰하게 되면 거기에 '나'는 없고, 법과 법의 공상(共相)인 무상·고·무아가 드러나게 된다.

이 과정이 자상(自相)을 통한 공상(共相)의 확인이다.

이 공상을 확인하는 과정이 위빳사나의 과정이고, 공상의 통찰이 깊어지면 염오가 일어나게 된다.
무상하고 괴롭고 무아인 것에 넌더리 치게 되는 것, 즉 염오를 하게 되면 결국은 여기에서 벗어나고 해탈하고자 하는 마음이 일어나게 되고 깨달음과 열반은 실현되게 된다.

이러한 과정에서 드러나는 것이 바로 해체이고 법이다.
불교 교학과 수행은 이렇게 해체와 법이 핵심적으로 드러나게 된다.

수행자는 해체라는 방법을 통해 법을 보게 된다. 이러한 과정이 교학과 아비담마를 이해하는 과정이다.
그리고 그 법들의 무상·고·무아를 통찰해 나가는 과정이 위빳사나 수행이다. 이렇게 불교 수행은 교학과 수행, 자상을 통한 공상의 확인으로 압축할 수 있다.
이것이 필자가 배우고 이해하고 있는 불교 교학과 수행이다.

이 책이 나오게 된 인연들에 감사를 드린다.

필자가 이만큼이나마 불교를 알게 되고 글을 쓸 수 있는 것은 부처님의 말씀이 한글로 번역되었기 때문이다.

부처님의 원음을 주석서와 청정도론, 아비담마를 근간으로 번역하고 있고, 빠알리 삼장 완역의 불사를 진행하고 있는 초기불전연구원의 원장이신 대림 스님과 지도법사이신 각묵 스님, 그리고 여러 스님과 관계자분들의 원력과 노고에 깊은 감사의 인사를 올린다.

그리고 나의 가장 가까운 도반인 수담마 법우님께도 감사의 인사를 드린다. 수담마 법우님과 같이 법을 토론하고 실천하고 수행하는 시간이 없었다면 이 책은 나오지 못했으리라 생각한다. 멀리서 수행 정진하고 있는 수담마 법우님의 향상을 기원한다.

꼼꼼하게 윤문을 보아주신 자나난다 부회장님과 사로자 법우님에게도 감사의 인사를 드린다.
그리고 인연이 되었던 모든 법우님에게도 감사의 인사를 올린다.

이 책에서 부처님의 말씀을 잘못 이해한 것이 있다면 필자의 잘못이고, 이 책을 통해 한 명이라도 불교 수행에 대해서 궁구하는 계기가 된다면 이 책은 그 값어치를 다 한 것으로 생각한다.

필자가 수행자로서 늘 가슴에 새기는 말을 적으면서 맺는말을 접는다.

"세속과 일치하면 이미 법이 아니다."

불기 2567년(2023년) 2월
항동에서

법열 삼가 씀

| 참고문헌 |

▶ 각묵 스님,『금강경 역해 — 금강경 산스끄리뜨 원전 분석 및 주해』불광사 출판부, 2001.
　　　　　『네 가지 마음챙기는 공부』초기불전연구원, 2003.
　　　　　『담마 상가니』(전 2권) 초기불전연구원, 2016.
　　　　　『디가 니까야』(전 3권) 초기불전연구원, 2005.
　　　　　『상윳따 니까야』(전 6권) 초기불전연구원, 2009.
　　　　　『위방가』(전 2권) 초기불전연구원, 2018.
　　　　　『우다나』초기불전연구원, 2021.
　　　　　『이띠웃따까』초기불전연구원, 2020.
　　　　　『초기불교 이해』초기불전연구원, 2010.
　　　　　『초기불교 입문』초기불전연구원, 2017.
▶ 강종미 편역,『아비담마해설서』(전 2권) 도다가 마을, 2009, 1쇄 2009.
▶ 구나라뜨나, 유창모 옮김,『우리는 어떤 과정을 통하여 다시 태어나는가』고요한 소리, 1988.
▶ 냐냐난다 스님, 아눌라 스님 옮김,『위빳사나 명상의 열쇠 빠벤차』한언, 2006.
▶ 대림 스님/각묵 스님,『아비담마 길라잡이』(전 2권) 초기불전연구원, 2002.(전정판 2017)

- 대림 스님,『들숨날숨에 마음챙기는 공부』초기불전연구원, 개정판 2008.

  『맛지마 니까야』(전 4권) 초기불전연구원, 2012.

  『앙굿따라 니까야』(전 6권) 초기불전연구원, 2006~2007.

  『염수경 - 상응부 느낌편』고요한 소리, 1996.

  『청정도론』(전 3권) 초기불전연구원, 2004, 3쇄 2009.

- 레너드 프라이스, 우철환 옮김,『빈 강변에서 홀로 부처를 만나다』고요한 소리, 1996.

- 레디 사야도 / 마하시 사야도, 정명 편역『열반 닙바나 니르바나』푸른향기, 2014.

- 잭 콘필드, 김일권 옮김,『위빳사나 열두 선사』불광출판부, 1997.

- 일창 스님,『위빳사나 수행방법론』(전 2권) 불방일, 2019. (재판)

- 아잔 뿐냐담모, 김한상 옮김,『마아라의 편지』고요한 소리, 2010.(2019 2판)

- 우 조티카, 박은조 옮김『마음의 지도』연방죽, 2008.

- 파아옥 또야 사야도, 정명 스님 옮김,『사마타·루빠 명상 매뉴얼』비움과 소통, 2015.

- 프란시스 스토리, 재연 스림 옮김,『사성제』고요한 소리, 2003.(2017. 2판)

- 프란시스 스토리, 박광서 옮김,『불교와 과학, 불교의 매력』

고요한 소리, 1989.(2018. 2판)
▶ 히라카와 아키라, 이호근 옮김 『인도불교의 역사』(전 2권) 민족사, 1991.